# Peter Wehle

# Singen Sie wienerisch?

## Eine satirische Liebeserklärung an das Wienerlied

Ueberreuter

CIP-Kurztitelaufnahme der Deutschen Bibliothek

*Wehle, Peter:*
Singen Sie wienerisch?: Eine satirische
Liebeserklärung an das Wienerlied /
Peter Wehle. – Wien: Ueberreuter, 1986
    ISBN 3-8000-3215-5

AU 40
Umschlag von Atelier Graupner & Partner, München,
unter Verwendung eines Bildes von Hans Larwin
© 1986 by Verlag Carl Ueberreuter, Wien
Gesamtherstellung: Carl Ueberreuter Ges. m. b. H., Korneuburg
Printed in Austria

# Inhalt

# Allweil lustig, fesch und munter

Jede Weltstadt hat Lieder hervorgebracht, in denen sie beschrieben, geliebt und gepriesen wird; es gibt Pariser Chansons, London-Songs, Berliner Koffer und Moskauer Nächte, man hat sein Herz auf deutsch in Heidelberg oder auf englisch in San Francisco verloren, und wenn eine Stadt drei helle »a« in ihrem Namen hat wie Granada, dann wird sie mit einem genialen musikalischen Einfall weltbekannt, ohne selbst etwas dazu beigetragen zu haben.
Aber nur Wien hat sich selbst zur Stadt der Lieder ernannt, und die damals noch nicht verschmutzte Umwelt hat das zustimmend zur Kenntnis genommen.
Das ist ein Phänomen; das hat keine andere Stadt aufzuweisen. Es beruht zu einem Großteil darauf, daß Wien als Stadt der Musik unbestritten ist. Um fast alles, was mit Wiener Musik zusammenhängt, haben sich Musikologen und andere Fachleute ausreichend gekümmert: um ihre Quellen, ihre Entwicklung, um die Komponisten, um die Ausstrahlung bis zu einzelnen Fettflecken auf den Handschriften.
Dieses Buch will keine Notenköpfe zerbrechen, kein neues Bild von Mozart oder Beethoven entwerfen. Es will sich mit den Texten jener Lieder beschäftigen, die von Einheimischen und Zuag'rasten beim Heurigen gesungen werden. Vielleicht deshalb, weil es in der Hinsicht keinen Vorgänger hat.
Der geehrte Leser wird erfahren, wann und wie berühmte Lieder entstanden sind, daß Wiener Texte die Geschichte und den Dialekt beeinflußt haben, er wird einen Erklärungsversuch dafür finden, daß es so viele Fiakerlieder in Wien gibt – wo doch andere Metropolen ihren Kutschern nicht ein einziges Lied widmen –, er wird lesen, was einigen nicht genügend rassereinen Textern und ihren Werken während der Nazizeit passiert ist, und vieles andere mehr.
Der Spinner, den das alles interessierte und der darüber ein Buch schreiben wollte, ging wohlgelaunt und neugierig ins Musikarchiv der Stadt Wien, er durchforstete öffentliche Bibliotheken und fragte bei belesenen Wienern höflich an.
Resultat: Null Komma Joseph der Zweite, der 1784 den Winzern der Reichshauptstadt die schriftliche Erlaubnis erteilte, selbstgefechsten Wein an die Bevölkerung weiterzuleiten und damit den Grundstein zur Institution des Wiener Heurigen legte, wofür er einen eigenen Platz, angeblich den schönsten Barockplatz der Welt, samt Denkmal erhielt.

Also ganz genau stimmt das klarerweise auch nicht, sonst hätte der Spinner nur weiße Blätter herausgeben können, aber die einzelnen Fakten und Daten mußten – allerdings mit viel Vergnügen – bruchstückerlweise zusammengetragen werden.

In einem Aufsatz mit dem Titel »Versuch über das Wienerlied« von Harry Zohn heißt es: »Merkwürdigerweise ist dieses kulturgeschichtliche Phänomen [nämlich die Gedanken der Heurigenliedertexte] von der Forschung fast ignoriert worden, obwohl andere Gattungen der Trivialliteratur immer wieder Beachtung gefunden haben. Es ist etwas Zeitloses in diesen Reimen, die oft in einer Zeile eine durchaus gefällige, entwaffnende Wienseligkeit widerspiegeln, in der nächsten übergangslos den hoffnungslosen Verfall beklagen.«

Wer aber ist dieser Harry Zohn, der diese wienerische Schlamperei der Literaturbetrachtung angeprangert hat?

Ein aus Wien stammender amerikanischer Universitätsprofessor, von dem noch zu reden sein wird.

Die Antwort auf diverse Fragen des Spinners war sehr oft eine Gegenfrage: Zu was wolln S' denn des wissen? Diese Donauschnulzen san doch eh nix als wia Kitsch in Reinkultur, in reinster Subkultur!

Über so was gehen taktvolle Menschen hinweg, damit sie gewisse Primitivlinge nicht kränken, aber man kann doch nicht allen Ernstes ein Buch drüber schreiben!

Der Spinner aber ist ein Dickschädel: er liebt das Echte an den Wienerliedern, grad weil es meistens so schön falsch ist.

Unter Wiener Umständen kann man nämlich dem Kitsch recht freundliche Seiten abgewinnen.

Kitsch, heißt es, ersetzt Schönheit und Einfall durch Abgestandenes und Bekanntes, er bietet Gebrauchsbegriffe statt neuer Ideen.

> Das Weanerlied
> is was fürs G'müat,
> es klingt so süaß
> und geht in d'Füaß.
> Des hat an Kern,
> tuat man es hörn:
> Ma kunnt vur Freud'
> und Seligkeit sterb'n![1])

Das gehört aber doch zum Charakter von Volksliedern. »Kommt ein Vogerl geflogen« bringt auch keine neuen Erkenntnisse und Formulierungen, und niemand wird es als Kitsch bezeichnen. Es stammt wahrscheinlich aus Wien, auch wenn die alte Form »kimmt a Vogerl« in Richtung Bayern weist; aber Wenzel Müller, der Komponist, war Wiener.

Primitiv muß nicht kitschig sein. Man ist auch in Wien immer wieder auf der Suche nach ungebrauchten Themen, etwa nach dem Bild eines französischen Minnesängers:

Ich zieh mit meiner Fiedel durch die Straßen
und geig von Haus zu Haus mein Wienerlied.
Ins letzte Winkerl weltverlassener Gassen
bringt meine Weise Leben und Gemüt.
Wie einst das Lied vom Troubadour erklungen
im Hof der Burg vor Fürstenkindern nur,
hab ich im Hof der Vorstadt oft gesungen
das Wienerlied als Wiener Troubadour.[2]

Das ist doch ungeheuer fortschrittlich – nicht nur das Wort Troubadour, sondern auch der soziale Gedanke: ein sprachgewandter Mann mutet den Außenseitern der bürgerlichen Gesellschaft provenzalische Ideen zu. Das Lied wurde 1923 geschrieben, imitiert aber den Stil der Harfenisten rund hundert Jahre vorher. Da wird die Schablone bewußt eingesetzt.

Kitsch, heißt es, ersetzt Gefühl durch Rührseligkeit.
Die Dankbarkeit is wia a schwarze Perl (der Dichter sagt's als »grober Kerl«, damit sich's ordentlich reimt), man findet sie eher bei den Armen als bei den Begüterten, und das Lied schließt:

Doch wer für d'Leut' hat selbst gestreut
die Rosen der Barmherzigkeit
und Undank ernt't ganz fürchterlich,
dem bleibt für sich der Dornenstich.[3]

Rührseligkeit? – Aber sicher! Ohne Tränendüsenreizung kamma do net arbeitn!
Und was ist mit dem Röslein, das sich gegen den wilden Brechknaben wehrt? Die Motive sind anders gelagert, aber Stich bleibt Stich.
– Wer wagt es, Rittersmann oder Knapp', den Dichterfürsten des Kitsches zu zeihen?
Gleiches Recht für beide Stiche!

Kitsch, heißt es, zeigt sich – besonders bei Liebesliedern – in gedankenloser Überschwenglichkeit.
Seltsam: die Liebe zum anderen Geschlecht, die sonst die Spiel-

wiese der Literaten ist, wird in Wien kaum besungen. Wenn aber doch, dann wird es nie schwulstig:

> Mir ham uns derschwitzt und ins G'sträuch einig'hockt.
> Mit'n Huat in der Hand ham mir Brombierln brockt.
> Die hamma verzehrt und dann nachher bemirkt,
> daß an jeden sei Mäu' schwarze Augenbram (Brauen) kriagt.[4]

So ein plastisches Bild muß einem Schlagerfabrikanten erst einmal einfallen!

Auf dem Wegerl im Helenental schaun beim ersten Busserl sogar die Bäume weg, der Drechsler-Franz sagt seiner blonden Resi, daß er ganz wurlert in sie ist, und so was ist doch meilenweit von jedem Kitsch entfernt. Freilich, wenn man sucht, dann findet man:

> Ach, wenn du wüßtest, wie sehr ich dich liebe
> und wie dein Anblick so selig mich macht,
> laß dich entwinden dem Weltengetriebe,
> danken dem Schicksal, das freundlich uns lacht.
> Drücken dein Händchen, o welche Wonne,
> in deinen Augen das Himmelreich sehn,
> du meine Sehnsucht, du meine Sonne,
> laß dich erweichen, erhöre mein Flehn![5]

Na und? Das war eben damals der zeitgemäße Jugendstil. Diese Art Schwulst ist anderswo noch viel häufiger anzutreffen.

Kitsch, heißt es, ersetzt Größe durch Pose:

> Wenn dann der Steffel, der uralte winkt,
> hell in der Ferne der Donaustrom blinkt,
> jubelt ma auf voll Freud'
> jauchzt voller Seligkeit:
> Herrgott – wie schön bist du – Wien![6]

Das ist ein Beispiel für unendlich viele, man kann fast jede zweite Liebeserklärung an die Stadt als Beispiel heranziehen.

Pikanterweise hat es damals, als die Lieder geschrieben wurden, den Begriff »Kitsch« noch gar nicht gegeben. Er ist um die Jahrhundertwende aus Münchner Kunstkreisen nach Wien gekommen und wurde nur in Zusammenhang mit Bildern gebraucht.

Wichtig ist: der Wiener hat nichts gegen diese Art Kitsch, er liebt sie sogar.

Es wäre schön, wenn Ländergrenzen so fließend wären wie die Grenze zwischen Kitsch und Kunst, zwischen Größe und Pose.

Zwei Arten von Kitsch sind zu unterscheiden: die berechnende und die gutgläubige Variante.

Zur ersten Art gehören Touristensouvenirs, Krimis, Porno und Einheitsromane, die nach Schema f hergestellt werden, und Lieder, denen jeder kritische Mensch anmerkt, daß sie nur von Zeitströmungen inspiriert sind. Diese Art ist nur für die damit befaßte Industrie interessant.

Die zweite Art entsteht dann zu Recht, wenn einer wie du und ich, wenn ein Mensch, dem seine Arbeitswelt nicht genügt, wenn also der Herr Bröselmayer nach seinem Dienst nicht nur schnapsen, tratschen oder ausruhen will, sondern das Bedürfnis verspürt, zu einem Urheber zu werden, etwas zu dichten oder eine Neuauflage eines ihm vertrauten Kunstwerkes zu erschaffen.

Dies geschieht ohne Plan, ohne finanzielle Motivierung, ohne Vorbildung und vielleicht sogar ohne Talent.

Aber bei solchen Erzeugnissen spürt man die gute Absicht des reinen Toren, die Volksausgabe des kulturellen Interesses, und man freut sich – wenn man nicht gerade übelnehmen will –, daß der Herr Bröselmayer dem grauen Alltagsspektrum eine neue Nuance geschenkt hat.

In Wien wird der Markt für Heurigenlieder nie ganz gesättigt sein; die Stadt hat offenbar die Tendenz, auch das geringste Fuzerl von Kreativität zu fördern, egal ob das einst durch ein kritisches Publikum oder heute durch Subventionen geschieht.

Wenn ein neues Lied auftauchte, wurde es nicht von akademischen Kritikern auf seinen Kitschgehalt untersucht, sondern gesungen. War es brauchbar, wurde es bekannt. Wenn nicht, fand sich bald ein neuer Herr Bröselmayer. Es wimmelt, es bröselt in Wien von Bröselmayern.

Der sogenannte Kitsch in den alten Volksweisen ist der Wurschtel, den man nicht »derschlagen« kann, denn er weist ein wichtiges Kriterium auf: er gefällt den Leuten und freut sie. So bleibt der immer wieder aus diversen neuen und alten Schachteln springende Kritikasterteufel ja doch der Wedel.

Wien ist schon eine ganz eigene Stadt der Musik:
Ein Statthalter-Erlaß schreibt vor, daß die Befugnis, als Harfenist oder Volkssänger Erwerb zu suchen, nur solchen Personen erteilt werden darf, die zu einer anderen Profession nicht geeignet sind.
Mit heutigen Worten: nur körperlich (Harfenisten waren sehr oft blind) und geistig Behinderten.
Sowohl Mozart als auch Schönberg haben in Wien das Götzzitat

vertont, sind sich aber der Symbolik solcher Taten nicht bewußt gewesen.

Wien war die erste Stadt, in der leichtgeschürzte Sängerinnen Zustimmung – wenn auch durchaus nicht ungeteilte – fanden und öffentlich auftreten durften. Sogar Paris hinkt in der Beziehung nach.

Melodien waren früher sozusagen Allgemeingut: von einzelnen Liedern existieren bis zu vier (gedruckte) musikalisch leicht unterschiedliche Fassungen. Ein Wiener Komponist soll zu seiner Familie, bevor er sich zum Komponieren an den Schreibtisch setzte, gesagt haben: »Kinder, tuats beten, der Vater geht stehln!«

Das wohl Skurrilste: es gab zweimal Gesangsverbot beim Heurigen. Davon später mehr.

Soziologen kümmern sich – im Gegensatz zu Historikern – darum, wie kleine Leute ohne Heldentum und Gemetzel gelebt haben. Meine Herren: jeder von Ihnen, der sich mit Kinderwagen, Speisezetteln, mit Freizeit- und Lohnpolitik, mit Familienverhältnissen und Minderheitenproblemen des 19. Jahrhunderts in Wien befaßt, sollte nicht nur in Rathaus-Archiven stöbern, sondern auch versuchen, aus Liedertexten der Zeit Erkenntnisse zu destillieren.

Da kann man kiloweise Personen-, Orts- und Wirtshausnamen finden, man bekommt durch alte Zehnkreuzer-Ausgaben ein Bild von den Spannungen zwischen arm und ganz arm vermittelt, jede zweite Couplet-Strophe enthält eine Schau von Aggressionen der breiten Masse, die bekanntlich in Wien nur aus Individualisten besteht, kurz: wo man da hintritt, kommt ein Stück Terra incognita zum Vorschein.

Daß die Hausherren ihre Dienstmadeln in fensterlosen Kammern schlafen ließen, weiß man schon lange, nur regt sich keiner mehr darüber auf; das müssen die Ärzte in modernen Krankenhaus-Neubauten auch, verschärft durch Air-condition.

Wahrscheinlich finden sich in soziologischen Fachbüchern auch Untersuchungen über das damalige Handwerk mit dem goldenen Boden, aber kaum so kurz formulierte Feststellungen über die Form der Korruption wie in dem folgenden Text:

Wia machen's denn die Schneider? – So machen's dö:
Sie schnipfen durt und da a Fleckerl
und machen draus a Kinderröckerl.[7])

Ähnliches erfährt man über die Selcher, die damals Fleischhacker genannt wurden:

Sie haun a ganz klans Ban auf d'Waag,

und mit'n Dam', da drucken s' nach.

Über die Bäcker wird berichtet, daß sie um einen Kreuzer »Taag« nehmen und draus einen »Zwanzgerlaab« machen. Das ergibt bei boshafter Rechnung eine Gewinnspanne von zweitausend Prozent. Der Vorwurf des Weinpantschens kommt schon in der Antike vor. Aber die Wiener Motivierung ist originell; der Text hat für die Wiener Wirte eine einleuchtende Ausrede:

Sie glaub'n, im Keller brennt der Wein,
drum schütten 's fleißig Wasser drein.

Es gab also schon sehr früh bei uns eine Konsumentenberatung, und die war viel lustiger als die heutige.

Sollte einmal eine Geschichte der Werbungsmethoden geschrieben werden, könnte man auf ein Couplet zurückgreifen, in dem ein Schneider sich in die Braut eines bürgerlichen Haarkünstlers verliebt. Der heißblütige Figaro will die Abspenstigmachung nicht hinnehmen und ermordet das danebenbuhlende Schneiderlein mit einem damals gebräuchlichen, aber offenbar giftigen Haarwuchsmittel, nämlich mit Kammfettn.

Der Volkssänger Ignaz Nagel, gelernter Meerschaumdrechsler und gewesener Gendarm, findet in seinem dritten Beruf als Volkssänger ergreifende Worte für seine aufsehenerregende Piece, die den Titel »Schauerliche Moritaten« mit vollem Recht trägt:

Vor grauser Rache Nöten
tat er den Schneider töten,
wie's nie noch üblich war:
Mit Abtischer Kammfettn
(vermutlich der Erzeugername)
tat er ihm 's G'sicht verlöten.
Drauf is er ohne Beten
derstickt an lauter Haar'.[8])

Zustimmender Applaus beim zahlreichen Publikum.

Das »Wiener Tagblatt« reagierte mit einer Glosse, in der es unter anderem heißt:

Das dumme Volk kauft jetzt immer mehr Abtisches Kammfett, wohl deshalb, weil unsre Obrigkeit ihrer sanitären Warnungspflicht nicht nachzukommen in der Lage oder allzu indolent erscheint.

Moritaten waren zu dieser Zeit sehr beliebt und wurden als Einlagen von den Volkssängern besonders angesagt. Einige Titelbeispiele:

Das Lied vom Totenkopf (mit Vorzeigen desselbigen im Originale!)
Die Lehre der sterbenden Mutter.
Raoul, der Blaubart, mit genauer Schilderung seines Hinscheidens: er wird in einer Lauge zerkocht.[9])
Wieweit diese angeführten Lieder werblichen Zwecken dienten, ist leider nicht überliefert.

Seltsamerweise ist noch keinem Viennensia-Autor aufgefallen, daß eine ganze Reihe von Redensarten, die zum festen Bestand des Wiener Dialektes zählen, aus Liedertexten stammt.
»Nur kan Genierer« sagt der Gastgeber, wenn sich der Eingeladene aus Benehmens- oder Diätgründen, also »pro forma«, weigert, ordentlich zuzugreifen.
Mit dieser Redensart forderte der Volkssänger Anton Stöckl sein Publikum auf, ihm seine gewollten Entgleisungen nicht übelzunehmen. Er muß es arg getrieben haben, aber seine Anhänger haben sich zerbröselt; immer wenn es ganz übelriechend wurde, kam sein »nur kan Genierer«, die Aufforderung wurde befolgt, und niemand nahm übel. Dabei hat er in großen Zeitungsannoncen »garantiert zotenfreie Vorträge« ankündigen lassen!
Es gibt ein uraltes Harfenistenlied mit dem romantischen Titel: »Der Teufelstram«. Es schildert einen recht komischen Höllenbesuch:

Auf wertes Verlangen wir i jetztn was singa,
guat aufpassen, weil um jed's Wartl (Wörtchen) is's schad:
Neuli kriag i a Watschn mit olle fünf Finger,
so daß mir acht Täg' nur vom Teixl tramt hat.[10])

Einem Gesprächspartner, der sich als Kassandrerich erweist und jede Blähung mit Darmkrebs assoziiert, sagt man in Wien:
»Mir scheint, dir tramt vom Teufel!«

Die geliebte Frau Rosali, die geht ganz pomali,
g'müatli übers Eisenbahngeleis.
Kaum daß die Bißgurn drüber, braust ein Zug vorüber;
nix is g'scheg'n, wunderbarerweis'.
Des kummt ihr'n Mann zu Ohren, der kriagt an Eselszorn
und will die Bahn zitieren vors Gericht,
weil diese Raubersknaben stets Verspätung haben . . .
Jetzt: die wahre Liebe ist das nicht![11])

Das ist eine der vielen Strophen aus einem Couplet, dessen letzter Satz immer schriftsprachlich zitiert wird, weil er auf alle Situationen paßt, in denen ein Biedermann dem anderen salbungsvoll das Hackl ins Kreuz rennt.

»Mein lieber Freund und Zwetschkenröster« ist eine übliche, wenn auch schwer verständliche Begrüßungsformel.

Sie stammt aus einer Bearbeitung des Volksstückes »Kasperl Larifari und seine Freunde«. In seinem Auftrittslied hatte der Hanswurst »Mein lieber Freund und Seelentröster« zu singen, und der Darsteller erzielte mit obigem Versprecher einen unerklärlichen Lacher, der sich von Geschlecht zu Geschlecht fortpflanzt.

Fast als Zitat kann man den folgenden Satz bezeichnen:

»Meinen Namen sollt ihr nie erfahren - ich bin der Kaiser Joseph.«

Es wird meist ohne Nachdenken dem herrlichen Herzmanovsky-Orlando zugeschrieben, weil fast jedermann weiß, daß dieser den Aufklärerkaiser mit einer höchst anachronistischen Bahnwärterstochter zusammenspannt.

Wahr aber ist vielmehr, daß diese skurrile Formulierung von dem Harfenisten und Volkssänger Johann Fürst stammt, der eine sehr prägende Persönlichkeit gewesen sein muß. Ihm werden auch Redewendungen wie: »Na – nur ka Wasser net« und der Sager: »Besser a Laus im Kraut wia gar ka Fleisch« zugeordnet.

Seiner Verblüffung gibt der Wiener gerne mit »Bruader ums Eck« Ausdruck. Das ist eine leichte Verballhornung eines einst sehr populären Duettes mit dem Titel: »Bruada, da macht's a Eck!«

Eine Strophe als Illustration der Tatsache, daß alte Witze oft noch viel älter sind, als man glauben sollte:

Beide:     Ein Heiratsvermittler, der hat
           an Herrn eine Braut empfohln grad.
           Er schreibt ihm, daß sie für ganz g'wiß
           a sehr guate Frau für ihn is.
Solo 1:    Liabs Weiberl – sagt der – gehst net weg?
Solo 2:    Uj Bruada – da macht's an Eck!
Beide:     Denn zwa linke Füaß, die hat sie,
           und den Busen, den tragt's vis-a-vis![12])

Ganz interessant, daß viele der ganz alten Lieder als Duett konzipiert wurden, weil die ersten richtigen Berufsinterpreten meist paarweise auftraten. Die ungeheuer populäre Maly Nagl hat gesagt: »Wann i allani sing, dann san d'Leut' zufrieden und paschen. Aber wann i im Duett sing - dann wanen s'!«

»Geh, Peperl, plausch net« sagt man zu einem Pflausler, zu einem

Flunkerer, zu einer pseudologischen Plaudertasche. Das ist die Titelzeile eines bekannten Liedes, das eine Besonderheit aufweist: in der Vorstrophe wird geschildert, daß sich der Schubert Franz auf dem weinseligen Heimweg vom Heurigen fürchterlich aufregt, weil er der Meinung ist:

> ... mit'm Weanaliad is's gar,
> wann i amol in'n Himmel fahr!
> Die Freunde beruhigen ihn mit Gesang:
> Geh, Peperl, plausch net,
> 's is ja net wahr!
> Solang als mir san,
> is no ka G'fahr.
> Und bis s' uns einilegn in die Gruab'n,
> singen scho wieder unsere Buam![13])

In der zweiten Vorstrophe ist es der Lanner und der Strauß, die bei ähnlicher Gelegenheit über das gleiche Thema »dischkriern« und zum gleichen Refrain führen. Daß in diesem Lied der »Peperl Schubert« erfunden wird, tut der Beliebtheit dieses Liedes keinen Abbruch.

Wenn im Kaffeehaus ein Schachzug durchschaut, eine Melange nicht heiß genug serviert wird, wenn auf dem Billardbrett eine verkehrte Quart dem Tusch zum Opfer fällt oder wenn beim Schnapsen durch mutiges Zudrehn ein Zwanziger zerrissen wird, seufzt der Schlemihl aus Wien gallbitter auf: »Schicksal, du bist unbarmherzig!«
Dieser Satz steht als Titel auf einer vergilbten Volksausgabe, Preis zwanzig Heller, Erscheinungsjahr 1913. Darunter liest man erschüttert:
»Kolossaler Erfolg der besten Wiener und Duettensänger Wollrab und Jäger.«
Von diesen beiden »Besten« ist nichts anderes mehr übrig als dieser kellertiefe Stoßseufzer.
Mit diesen paar Beispielen, die von einem gründlichen Stöberer sicherlich mit Leichtigkeit vermehrt werden könnten, ist vermutlich zu erstenmal den Beziehungen zwischen Redensarten und Liedertexten auf den Zahn gefühlt worden, und das Resultat zeigt, daß die Umgangssprache moralisch verpflichtet wäre, den Texten ein gefühlvolles »Vergelt's Gott!« nachzuschleudern, weil sie sich bereichert fühlen muß.
Der Wiener aber trotzt dem unbarmherzigen Schicksal und bleibt,

auch wenn er die traurigsten Lieder singt, im Grund doch »allweil lustig, fesch und munter«.

»Vogerl, flieg in d'Welt hinaus« stammt aus einem Lied von Alexander Hornig. Wir wollen uns die Frage stellen, wohin dieses Vogerl mit dem Namen »Wienerlied« geflogen ist und welche Gegenden es mit welcher Intensität besucht hat. Ist es außerhalb der äußeren Wiener Gemeindebezirke überhaupt in einzelnen internationalen Ohren vom Vogel zum Ohrwurm geworden?

Es ist kaum anzunehmen, daß ein Japaner oder ein Eskimo oder ein Hongkonger daran interessiert ist, wie weit ein Wiener seine Redeweise durch eigene Lieder beeinflußt hat.

Auch Ortsangaben wie Lobau, Helenental und der woglate (wakkelnde) Leopoldsberg werden Sprachforscher wesentlich weniger interessieren als die Dichter Kafka, Musil und Schnitzler. Mit Recht.

Die Möglichkeit der Übersetzung des vorliegenden Werkes in fremde Sprachen wird daher mangels Nachfrage nie erwogen werden.

Aber einzelne Daten, Zahlen und Fakten, die sich auf unser Thema beziehen, könnten auch von Laien, also von nicht in Wien geborenen Menschen, als echte Information empfunden werden.

Im Jahr 1967 erschien eine Liste der bekanntesten Weltschlager, also der »Top pop (!) songs around the world« in Amerika: Variety, music-records, sixty-first anniversary. Diesem Verzeichnis kann man entnehmen, daß unter 170 in der ganzen Welt gespielten und bekannten Liedern nicht weniger als fünfzehn aus Wien kommen.[14])

Darunter der »merry go round waltz« – so heißt der Walzer aus der »Lustigen Witwe« auf englisch, das Harry-Lime-Thema aus dem »Dritten Mann«, dem bedeutendsten Nachkriegsfilm aus dem zertrümmerten Wien und seiner Kanalwelt. Dazu zwei echte Wienerlieder: »Wien, Wien, nur du allein«, drüben bekannt als »Vienna, city of my dreams«, und noch ein englischer Titel: »There is a little cafe down the street«. Wenn man das rückübersetzt, kommt etwas sehr Vertrautes heraus, nämlich das kleine Vorstadtlokal in Hernals, in dem manchem Mäderl das Herz bis zum Hals schlägt . . .

Verwundert nimmt man zur Kenntnis, daß in den USA folgende Lieder der Bundesrepublik Deutschland zugeordnet werden: »Mein Liebeslied muß ein Walzer sein« und »Zwei Herzen im Dreivierteltakt«, beide von Robert Stolz, dann: »Wenn der weiße

Flieder wieder blüht« und »Ich küsse Ihre Hand Madame«, zwei Texte von dem Wiener Fritz Rotter – und das ist nur eine kleine Auswahl von »deutschen« Weltschlagern, die von Wiener Komponisten und Textern geschaffen wurden und die zwanzig Jahre nach Kriegsende in Amerika noch immer als »deutsches Eigentum« angesehen werden.

Was haben wir noch als Eigenheit unserer Lieder anzukündigen? Daß Wienerlieder in den großen Bogen der Stadtgeschichte winzige Schlangenlinien eingefügt haben.
Quod erit demonstrandum! Oder auf wienerisch: Des müassen S' ma erscht vurhupfen, liaba Herr!
Durch das Aufwärmen alter Legenden, mit viel Phantasie und redlichem Tüfteln läßt sich glaubhaft machen, daß manches in der Donaustadt ohne die eigenwilligen Lieder anders verlaufen wäre, als es tatsächlich verlaufen ist.
Der erste Habsburger, Rudolf, der Stammvater, reiste – das ist mehrfach historisch belegt – von seinem ständigen Wohnsitz, der Schweizer Habichtsburg, im Jahre 1276 nach Wien, um dem widerspenstigen Ottokar von Böhmen die Wadeln fürizurichten. Da er aber bei den damaligen Wienern keinen genügenden Bekanntheitsgrad aufzuweisen hatte, ließen die ihre Stadttore versperrt.
Nicht einmal der Hinweis darauf, daß er dringend zur Entscheidungsschlacht bei Dürnkrut müsse, änderte den Dickschädelismus unserer Vorfahren, und der Bischof von Olmütz, von Ottokar finanziert, verweigerte alle anderen Durchfahrten.
Eine Vorausabteilung der damals noch nicht kaiserlichen Truppen, vermutlich gebürtige Wiener, kam auf eine skurrile Idee: sie bezogen nächtliche Stellungen vor einem Stadttor und begannen fröhliche Lieder zu singen.
Die Quargeltruppen lauschen, fangen an mitzusingen und denken sich:

Wann's a Musi gibt, samma net fad,
Weana Tanz san der höchste Spinat![15]

Musik öffnet die Herzen und ein Stadttor, und – schwupp! – waren die Sänger an ihrem Ziel.
Ein trojanisches Pferd in Gestalt von schiaberischen Gstanzln sorgte für freien Eintritt, und ohne die Idee hieße unsere Stadt vielleicht heute »videň«!
Der Radetzkymarsch von Johann Strauß Vater war ein Gruß vom

Hofball-Direktor an die k. u. k. Armee in Italien unter der Führung vom Feldmarschall Radetzky. Vor der Schicksalsschlacht von Custozza wurde er feierlich zelebriert und hat – wie einem Zeitungsartikel von damals zu entnehmen ist – »die Kampfesstärke unserer wackeren Truppen zum Heldentum gesteigert«.[16])
Diese martialische Melodie kennt jeder, aber sie gehört nicht hierher, weil sie weder ein Heurigen- noch sonst ein Juxmarsch ist und keinen offiziellen Text hat, wenn man davon absieht, daß die Wiener spontan dazu singen: »Wenn der Hund mit der Wurscht übern Eckstein springt...«
Also streichen wir den Marsch.
Halt! Und was ist mit dem Trio, mit dem ruhigeren Teil, den jeder anständige Marsch meist in der Subdominante aufzuweisen hat?
Das Thema des Radetzkymarsch-Trios findet sich im zweiten Kremser-Band auf Seite 218 mit der Überschrift: Tanz 1843. Es muß uralt sein: der Name des Komponisten ist nicht erwähnt, aber die Melodie ist mit einer interessanten Bemerkung versehen:
Dieser Tanz wurde von Johann Strauß senior im Trio des Radetzkymarsches benützt.
Rund ein Drittel der patriotischen Gefühle, die dieser Marsch in uns Wienern auslöst, stammt also von einer Volksweise aus dem alten Wien.
Auf eine seltsame Weise wurde ein Wiener Schmachtfetzen zu einem politischen Hetzlied:
1895 schrieb Alois Kutschera ein Lied, das sehr schnell populär wurde, weil es so wunderschön traurig war: das auf erprobten Vorbildern beruhende fieberkranke Kind eröffnet der Mutter eine rührende Vision:

Weißt du, Muatterl, was mir tramt hat?
I hab in'n Himmel eineg'sehn.
Dort war'n so viele schöne Engerln,
zu denen möcht' i so gern gehn...[17])

Das arme Kind erbittet vom Herrgott zwei Flügel, um die Mutter in den Himmel zu tragen.
Trotz dem bestechenden Inhalt findet Kutschera in Wien keinen Verleger; es erscheint bei »Zenemü kiadó vállalat Budapest« und wird trotzdem oder deshalb zu einem großen Erfolg, weit über die Grenzen des Wiener Musikbereiches.
Bei Harry Zohn lesen wir: Diese Melodie erfuhr nach der Jahrhundertwende zusätzliche Verbreitung: ein Unbekannter schrieb in Dresden einen sehr »deutschen« Text dazu:

In Löbtau sitzt bei ihrem Kinde
die Frau des Arbeitsmanns und strickt:
Weißt du, Mutter, was ich träumte?
Ins Zuchthaus hab ich reingeblickt.
Dort quält man unsren armen Vati ... usw.

Daraus wurde ein bald von vielen Schicksalsgenossen dieses Arbeitsmannes gesungenes Protestlied gegen die harte Bestrafung von Arbeitern, das man als ernstzunehmende Waffe in der Agitation der deutschen Arbeiterbewegung einsetzte.

Das hätte diesem Lied an seinem Ursprungsort nicht passieren können. In Sachsen scheint es als Löbtau-Lied in den Geschichtsbüchern auf, bei uns ist – wenn überhaupt – nur der Parodietext, die Hymne an das schöne Tal der Mur, übriggeblieben: Weißt du, Mur-Tal, was mir tramt hat?

Ludwig Gruber, genannt der »Gruaber Luitscherl«, war einer der wenigen Komponisten der heiteren Muse, der auch seriöse Musik produzierte, etwa Opern, Klavierwerke, symphonische Suiten, und der daher in Fachkreisen ernst genommen wurde.

Bis nach Albanien drang der Ruf seiner musikalischen Fruchtbarkeit, so daß im Jahr 1914 der damalige albanische Regent, Prinz Wied, eine albanische Volkshymne bei Gruber bestellte. Als Lohn wurde ihm neben seinem Honorar der Titel eines albanischen Hofkapellmeisters angeboten.

Aus unbekannten Gründen zerschlug sich das Projekt. Übrig blieb nur ein Artikel in der »Neuen Freien Presse«: Der Herr Gruber soll sein schönes Wienerlied ›Es wird a Wein sein‹ nach Tirana schikken und für die Herren Skipetaren einen neuen Text vorgeschlagen:

Es wird a Fürscht sein,
der g'hört in d'Würscht 'nein,
auch wenn sein Land ihn noch so liebt.
's wird ohne Hymne bleib'n,
die muaß er selber schreib'n,
weil's ohne Geld ka Musi gibt.

Ein sinnloser, aber erheitender Gedanke, eine fröhliche Fiktion: Die Albaner hätten sich durch die sicherlich einschmeichelnde Weise ihre Hymne so für das Herrscherhaus begeistern lassen, daß es nie zu einer Revolution gekommen wäre – dann hätte eine Wiener Melodie auf dem Balkan Geschichte gemacht![18])

In einem Kriegsbericht aus dem Jahr 1917 heißt es auszugsweise:

».. . versammelten sich die drei Züge des zweiten Batlons im Schützengraben, stimmten das Lied ›Wien, Wien, nur du allein‹ an und stürmten dann gestärkt und todesverachtend gegen den Feind ...

Das erste Lied, das im Jahr 1967 in Israel wieder in deutscher Sprache gesungen werden durfte, war ein Wienerlied, über das später noch berichtet werden wird.

Weltbekannt ist die Karikatur, die den Abschluß des österreichischen Staatsvertrages 1955 glossiert: Molotow und andere russische Politiker sitzen mit dem zitherspielenden Kanzler Raab beisammen, und der Außenminister Figl flüstert ihm zu: »Jetzt no die Reblaus und dann san s' waach!«

Ob mit, ob ohne Reblaus: bisher ist es nur den Österreichern gelungen, eine russische Besatzung loszuwerden, und dabei hat, wenn auch nur ganz weit im Hintergrund, wohl auch die Musikalität mitgeholfen.

# O du süaße Weana Musi

Da kam einmal ein freundlicher Tourist aus nördlichen Gauen in die Wienerstadt, wurde von Wiener Freunden auf den Kahlenberg geführt und bewunderte zuerst einmal pflichtgemäß das Häusermeer mit Donauturm, Gasometer und Steffel und das Silberband der in Ehren ergrauten blauen Donau. Dann ließ er seine wasserblauen Augen über die Silhouette des Wienerwaldes schweifen, wackelte sich und den anderen eine Bestätigung mit dem Kopf und sagte: »Nu isses klar, woher bei euch die Musike stammt: man braucht bloß die Hügel abzusingen.«

Uns fällt das ja gar nicht mehr auf, aber wer die Bergerln von Mittag bis Abend als Melodien empfinden will, wer sich die Linien gefiedelt oder mit einem picksüaßen Hölzl gepfiffen vorstellt, der spürt, wie Terzen und Sexten – amol ob'n, amol unt' – eingehängt promenieren, dem wird bei gutem Willen klar, daß in Wien die Musik von allem Anfang an die Hauptrolle spielen muß.

Dieses Buch will sich um die Lieder der kleinen Leute kümmern, noch dazu hauptsächlich um die Texte. Trotzdem gehören ein paar Worte über die Wiener Volksmusik hierher, weil sie mit der der großen Heroen verwandt ist und weil sie Eigenheiten aufweist, die den Textern den Weg zeigen.

Die ältesten Melodien sind bei uns die Volkslieder. Irgendwer hat vom Hermannskogel oder vom Bierhäuselberg einen Ländler abgelesen und gedudelt, und lange Zeit ist es beim Dreivierteltakt geblieben. Später kommt das Paschen dazu, die Hollodero-Stimmung, und da hat man ein viertes Viertel addiert und der heimische Marsch war da.

Aber in keinem Wiener Text kommt das Wort Rhythmus oder Tempo vor, denn der Wiener läßt sich nicht gerne etwas vorschreiben. Wenn es ihm paßt, wird er ganz langsam, auf einer Fermate kann er sich stundenlang ausruhen, und dann will er wieder schiaberisch und reißerisch vorwärtsdrängen. Da spielt der Text eine große Rolle. Wichtige Wörter brauchen lange Noten.

Wiener Musik wird sich niemals ein Metronom oder ein elektronisches Äquivalent gefallen lassen, da wird es nie meßbare Tempovorschriften geben.

Der musisch-musikalische Bogen paßt sich weder einer Mode noch einem technischen Apparat an, höchstens den Drehungen, den Bergerhöhungen und den Seelenblähungen der Ausführenden, der Zuhörer und ihrer momentanen Stimmung.

Tempowechsel ist zwar eine wesentliche Eigenheit der Heurigenlieder, aber wir sind nicht die Erfinder der Fermate, schneller und langsamer werden gibt's auch woanders.

Die frühen Wiener Harfenistenlieder haben nur ein Thema, nur eine einfache Melodie, die nach Bedarf mit verändertem Text wiederholt wird.

Um 1850 soll der Volkssänger Johann Kwapil – welch schöner urwienerischer Name! – seine Lieder mit Vorstrophen versehen haben, nach anderen Chronisten, zum Beispiel Franz Mailer, ist J. B. Moser der Erfinder dieser Form gewesen; dabei ist es dann im wesentlichen geblieben. Der Refrain war meist vom musikalischen Einfall bestimmt, er war der Erfolg oder der Durchfaller einer neuen Schöpfung.

Umgekehrt: für die Vorstrophen, die man jetzt Verse nennt, wurde meist einfallslose Silbenmusik geschrieben: ramtata, ramtat, ramtata, ram...

Die war dann das Gerüst für die Herren Dichter, die diese Monotonie mit ihren gereimten Einfällen unterfüttern sollten; der Zwang war oft zu bemerken.

So viel oder so wenig zur Form, für die in den Nachbarländern ganz ähnliche Regeln galten.

Was aber ist das Besondere, das jeden auch minder musikalischen Menschen sofort an Wien denken läßt, wenn er ein Wienerlied hört?

Ist es vielleicht die Tatsache, daß die »gewachsene« Wiener Musik keine Molltonarten kennt?

Gäbe es Melodien mit der kleinen Terz, der Musikologe könnte sie genußreich mit Einwirkungen aus den ehemaligen Kronländern erklären.

Schließlich weiß doch jeder, daß der Balkan am Wiener Rennweg anfangt, man kennt und schätzt ungarische, kroatische und italienische Lieder, und die Operette hat später genügend fremdländische Klangfarben auf die Wiener Musikpalette geschmiert.

Böhmische Polkas, polnische Mazurkas wurden von begabten Komponisten imitiert, von bekannten Pianisten zu Paraphrasen verwurschtet und von eifrigen Klavierschülern auswendig gelernt.

Aber die einfache Musik blieb ihren Wurzeln treu, und die waren mit der Landschaft rund um die Hauptstadt verbunden.

Eduard Kremser – er hat drei umfangreiche Bände mit Wienerliedern herausgegeben – erzählt uns, daß viele G'sangln aus Oberösterreich kommen und von fröhlichen Flößern auf der Donau nach Wien gebracht wurden. Die Melodie von »Drunt' im Liachtenthal« ist fast Ton für Ton ein Salzburger Ländler, und mit dem Ennswasser sind auch eine Menge Volksweisen zu uns geschwommen und haben bei uns Texte und den Heimatschein gekriegt.

Die Wiener Musik ist also rein österreichische Musik.

Ein einziges Lied, das wirklich bekannt geworden ist, beginnt in Moll:

Droben vom Penzinger Kircherl
hört man es zwölfe grad schlag'n,
und aus dem mondhellen Gasserl
biagt um die Ecke ein Wag'n.[19])

Aber schon nach sechzehn Takten, wenn der Wag'n vor einem altwiener Klein-Häuserl hält und ein Mäderl aussteigt, freut sich der Komponist, wieder in die vertraute Dur-Tonart zurückkehren zu können.

Das ist die Ausnahme, mit der man sich abzufinden hat.

Dabei gibt es eine Menge todtrauriger Lieder, man singt vom Unglück, von der Not, und dem Waisenknaben, dem Waserlbuam, der im Winter fast erfriert, sagt das Engerl zum Trost:

Deinesgleichen wird am herrlichsten begrab'n,
denn statt Pomp und Heuchelg'sichter
glänzen d'Stern' als Himmelslichter,
und als Bahrtuch von der Höh'
deckt di zua der erste Schnee![20])

Der Wiener badet gern im selberg'strickten Weltschmerz:

Für mi lacht ka Sternderl vom Himmel,
vom Schicksal bin i auserwählt,
mi hat halt mei Muatterl zum Unglück gebor'n,
i hab gar ka Glück auf der Welt![21])

Melancholie gehört zum Wienerlied wie das Würstl zum Kraut. Der Wiener raunzt, beklagt sich und verzweifelt von zwölfe bis z'Mittag und gibt dieser Gemütslage auch musikalisch Ausdruck. Aber immer in fröhlichen Dur-Tonarten!

Die bisher aufgezeigten Charakteristika der Wiener Lieder waren sicher zutreffend, und man könnte noch einiges über den Duktus und über den besonderen Einsatz der Intervalle hinzufügen, aber es muß doch noch irgendwas geben, was die Heurigenmusik so unverwechselbar macht.

Was es woanders nicht gibt.

Was nur in Wien zu hören ist.
Und das gibt es auch: es sind die Halbtöne, es ist die Chromatik.
Singen Sie sich bitte selber vor: O du süaße Weana Musi.
Der Ton, unter dem das We liegt, der Vorhalt.
Das is er!
Fachsprachlich: ein übermäßiger Dreiklang.
Irgendeiner der ersten Musikanten wird vielleicht zufällig oder
»anblasen« (beschwipst) um einen Halbton zu tief intoniert haben.
– Weil ihm kein Zuhörer deswegen einen Vorhalt gemacht hat, hat
er diesen schlamperten Vorhalt beibehalten und damit die wahr-
scheinlich wichtigste Eigenheit der Wiener Volksmusik erfunden.
Jetztn wiß' ma's und servieren noch ein paar Gedanken zu dem
Thema.
Deutlich erkennbar ist diese Chromatik schon in den ganz alten
Tanzliedern, in die »Taanz«, die eine interessante Mehrzahlbil-
dung des Wiener Dialektes zeigen: die Einzahl heißt »der Tanz«,
mit verdumpftem a, die Mehrzahl aber »de Taanz«, mit offenem
langem a. Man könnte diese Musik als Übergang vom Ländler
zum Lied bezeichnen, obwohl die Melodien textlos waren.
Es waren Lieder, die man nur angehört hat. Im Vorwort zum
Kremser Album heißt es: Mit dem Tanze als solchem haben diese
musikalischen Piecen nichts zu tun!
Es waren also Tänze, bei denen nicht getanzt werden durfte.
Sie hatten keine Texte, also konnten sie nicht gesungen werden.
Nur die Musik war wichtig.
Statt nicht vorhandener Texte wollen wir ein paar Namen erwähnen. Sie hießen sehr oft nach ihren Schöpfern: Debiasy-, Stelzmül-
ler-, Leirer-Tanz. Auf die Art verschafften sich talentierte Bratlgei-
ger bescheidene Denkmäler.
Oft erfuhr man durch die Titel, woher sie stammten: Erdberger-,
Liachtenthaler-, Steirer-, Linzer-Taanz, sogar einen Brucker-Tanz
gibt es, aber der Melodie ist nicht zu entnehmen, welches Bruck
gemeint war.
Um musikalische Feinschmecker anzulocken, wurden appetitanre-
gende Überschriften gewählt: es gab Zibeben-, Gansbratl-, Apfel-
strudel-, und zwei Schweinsbeuscherl-Tänze, das macht fast eine
Speisekarte aus.
Ein Herr Josef Weidinger bekam den Spitz- und Berufsnamen
»Schwomma« und hat als Komponist nicht weniger als siebzehn
gedruckte Schwomma-Tanz geliefert. Er war ein musikalischer
Neuerer: er verbannte die Harfe aus seinem Ensemble und führte
die Linzer Geige ein. Das war eine neuartige Baßgeige, die aber

nicht lange neuartig blieb, denn der nächste Reformator hieß Schmutzer und ersetzte Harfe und Linzer Geige wieder durch die Baßgitarre.

Johann Mayer, alias »der Zwickerl«, kam auf die Idee, seine Melodien nur am Frosch zu spielen. Frosch ist der handnächste Teil des Geigenbogens. Mit diesem Amphibium kann man säuselnde Effekte erzielen, und dieses Spiel nennen die Geiger »al ponticello«, also nahe beim Brücklein, beim Steg. Die Wiener wurden durch solche Töne an die Sprechart Verschnupfter oder Halskranker erinnert und bezeichneten diese Tongemälde als Schnoferltanz – eben vom Schnofeln.

Es gibt noch einen dritten fulminanten Geiger aus dieser Zeit, nämlich den schon erwähnten Johann Schmutzer, der unter anderen einen Tanz komponierte, der bis heute bekannt geblieben ist und von Kennern als »der Schmutzer-Tanz« immer wieder bestellt wird.

Aha, haben sich rund 150 Jahre später zwei tüchtige Texter gedacht, an das Geschäft sollte man sich anhängen: wenn schon die Musik allein so oft gespielt wird und niemandem Geld bringt, weil der Komponist schon so lange tot ist, dann braucht man doch nur einen passenden Text dazuzubasteln, damit auch lebende Künstler von dem herrlichen Schmutzerischen Einfall profitieren.

Sie wollten, daß man zu der wunderschönen Melodie folgende Worte singt:

Ja – 's Lebensschifferl schaukelt hin, schaukelt her,
der eine fahrt sich leicht, der andere schwer.

Klingt sehr philosophisch weise, aber nachdenken darf man da nicht: Warum fährt der eine leicht, der andere schwer, wenn das Schifferl doch für beide gleich stark schaukelt?

Drum wenn amal ein scharfer Wind beim Schopf dich packt,
sei net glei verzagt . . .

Das Wort »verzagt« paßt in einen Dialekttext wie eine Faust als Umschlag bei einer Bindehautentzündung. Aber noch »faustischer« ist die sinnlose Fortsetzung:

Mach aus an Floh nur kan Elefanten!

Bitte: Was haben die zwei Tiere mit dem Bild der stürmischen Wasserfahrt zu tun? Weiter im Text:

's is amal so, daß d'heute liegst auf Federn,
morgen auf an Stroh.

Bitte wo: beim scharfen Wind im Lebensschifferl?

Aber nein – der Sturm hat die Bilder ganz durcheinandergeblasen.

26

Denn 's Leben is nur a Berg-und-Tal-Bahn.
Durch's Wasser? Von Wellenberg zu Wellental? Aber vielleicht
kommt als Schlußsatz doch ein Bogen, der sich schließt.
Der Leser urteile selbst, der Schlußsatz lautet:
Drum g'fallt's an'm ja so.[22])

Singen Sie wienerisch? Dann suchen Sie sich bessere Texte aus als
den eben kommentierten. Ehrenrettung für den Wiener Geschmack: die »Schmutzer-Tanz« werden weiterhin gespielt, der
Text ist einem organischen Abschuppungsprozeß zum Opfer gefallen.
Die alten »Taanz« sollten textlos bleiben. Sie sind so beliebt und
melodiös gewesen, daß sogar Beethoven und Schubert durch sie zu
Mödlinger und deutschen Tänzen angeregt wurden, und man
könnte ganz schön streiten, ob der Glasscherben-Tanz musikalisch
weniger wertvoll ist als die »Klassischen«.
Aber wir wollen weder streiten noch werten.
Genehmigen wir uns noch einige der ausgefallenen Überschriften:
Spinnradl-, Bratlenerl-Tanz, husarisch-tatarischer, g'hupfter und
'zupfter Tanz, Pompfineberer- und Schuasterpockerl-Tanz. Stau-
nen wir beim Farbenmacher-Tanz darüber, daß auch ein »k. u. k.
Hofweißingfarbenmacher« einen Drang zum Komponieren verspürt und ihm erfolgreich nachgegeben hat. Vielleicht nur, weil er
als echter Wiener seinen achtungsgebietenden Titel gedruckt sehen
wollte.
Nach diesem textlosen Intermezzo zurück zum Thema: Wie singen wir wienerisch, was ist zum Stil der Interpretation von Heurigenliedern anzumerken? Die Antwort: ja – es gibt Regeln, und sie
sind zum erstenmal im folgenden schriftlich festgehalten.
Im 18. und 19. Jahrhundert scheint der Stimmumfang der Vortragenden wesentlich größer gewesen zu sein als heute.
In den ersten Notenausgaben kommt oft das sogenannte »kleine g«
als tiefster Ton vor, so als ob jeder es singen könne.
Ausgebildete Berufsbässe sind darauf eingebildet, daß sie es durch
ihre Ausbildung erreichen. Angeflaschelte Amateur-Tiefsänger
wollen ihre Männlichkeit dadurch beweisen, daß sie das bekannte
Studentenlied: »Im tiefen Keller sitz ich hier« anstimmen. Die letzten Töne werden dann wie heißer Dampf herausgepreßt: ... und
trinke, trinke, tri-hi-hi-hi-hi-hi-nke.
Dann schauen sie sich applauslüstern um, und ihr Blick sagt: Wer
hat außer mir noch so eine Röhrn?
Dem Notenbild nach hatte sie jeder – damals.

Als höchsten Ton einer Gesangsstimme traut man sich heutzutage höchstens ein d oder ein es zu schreiben. Liedermacher wollen ihre schwachen, aber einträglichen Stimmen schonen, die Technik kann fast jeden Ton korrigieren, und wirklich hoch hinaus will man ja derzeit nicht.

In den alten Liedern aber kommt ein g, manchmal sogar ein a so häufig vor, daß man annehmen könnte, die damaligen Volkssänger waren zugleich Bässe und Kontratenöre.

Das würde bedeuten, daß die »oeden Weana« lauter Stimmritzenprotzer waren.

Von der Volkssängerin Luise Montag wird erzählt, daß ihre Stimme tatsächlich zwei Oktaven und noch ein paar Zugabetöne umfaßt hat. Aber das zeigt, daß sie eine Ausnahme und nicht die Regel war.

Die Lösung dieses scheinbaren Widerpruchs: die damaligen Musiker haben sich kaum um Noten gekümmert. Die spielten die gewünschten Gstanzln in ihren Haustonarten, meist mit eigenen Harmonien. Gedruckte Noten waren bestenfalls Rekonstruktionen.

Der Riesenumfang darf also nicht ernst genommen werden und war eigentlich nur eine liebenswerte Wiener Schlamperei.

Ebensowenig ernst möge die nachfolgende Anleitung zum Vortrag von Heurigenliedern genommen werden, obwohl ihr ganz bestimmt ein ganz kleiner wahrer Kern zugrunde liegt.

Ein beliebter Heurigensänger muß drei grobe Fehler machen, wenn er als bodenständiger Künstler anerkannt werden will:

a) Er muß bei länger anhaltenden Wirkungstönen zuerst falsch intonieren und sich erst Sekundenbruchteile später in die richtige Höhe hanteln.

b) Vor gewissen Konsonanten, vor allem bei Lippen- und Zahnlauten muß er ein im Schriftbild nur schwer wiederzugebendes »ä« (die Wissenschaft nennt das einen »Schwa-Laut«) interpolieren, um wahrhaft erschütternde Wirkungen zu erreichen.

c) Wenn die unter a) erwähnten Wirkungstöne einen besonderen Effekt erzielen sollen, etwa Rührung, Bewunderung und einen Zwischenapplaus, dann sollten sie nicht auf einer Höhe verbleiben. Dem Vortragenden wird geraten, solche Töne mit gefühlsbetontem Tremolo zu garnieren, eine sängerische Delikatesse, die nur von bösartigen Kritikern als »Knödeln« bezeichnet wird.

Die drei goldenen Regeln bedürfen, um einem Lernbegierigen als Unterrichtsbehelf zu entsprechen, näherer Erläuterung:

ad a) »In einem kleinen Café in Her-« Jeder weiß, daß jetzt das
»-nois« (Hernals) genommen und besiegt werden muß. Der wir-
kungsbewußte Barde setzt in der Tonhöhe von »Her« an und er-
klimmt anschwellend, wie eine Fabrikssirene, den erstrebten Sex-
tengipfel. Noch ein Lernbeispiel: Die zweite Zeile der Erklärung,
daß die Mama des Vortragenden eine Einheimische war, lautet bekanntlich: drum hab i Wean so gern. Auch diese große Septime
wird noch innerhalb der Silbe »hab« mühelos bewältigt.

ad b) Wieder ein praktisches Beispiel: Der große Schlager der
zwanziger Jahre unseres Jahrhunderts war das Lied von Ernst Arnold: »Du, nur du und wieder du, sonst keine auf der Welt.«
Die damals leider sehr häufigen Hinterhofsänger, deren Gage aus
in Zeitungspapier eingewickelten Zehngroschenstückeln bestand,
müssen genau gewußt haben, warum sie immer nur »Ha« duu, nur
»Ha« duu und »Ha« wieder »Ha« duu sangen, denn sonst wäre
diese Eigenart nicht so einheitlich zum Ausdruck gekommen. Ihr
Vorbild hat diesen Zufallseffekt zur Regel gemacht. Woher er
stammt – darüber gibt es nur Hypothesen: vielleicht ist es das Vorbild der Burgmimen: Ha, Schurke! Ha – du Metze! – Oder ent-
stammt dieser Laut der Einsicht, daß die wichtigsten Beginnwörter
unserer Thematik, nämlich Wien und Wein, ohne vorherige Kehl-
kopfexplosion nicht richtig zur Geltung kommen können?
Oder stimmt die Theorie, daß der anlautende Spiritus asper (eben
dieses »Ha«) dem Atemstrom vom Zwerchfell des Sängers ins
Trommelfell des Kulturkonsumenten einen noch direkteren Weg
ebnet?
Ein diesbezügliches Gutachten steht leider noch aus.

ad c) Der Abstand, das Intervall zwischen Hoch- und Tiefton beim
Tremolieren wird nicht nur von der Länge der Note bestimmt, sondern noch viel mehr nach dem Gefühl, dem man schwingenden
Ausdruck verleihen will. Er kann sich bis zu einer großen Terz er-
strecken. Bei nicht mehr ganz taufrischen Opernsopranistinnen
und bei Maultrommeln kommen sogar Quarten und Quinten vor.
Wer von einer solchen Interpretin einmal den hohen Ton im Wol-
galied gehört hat (Du hast dort droben viel Englein bei diiiiiiiir!),
darf auch an eine singende Säge als Vergleichsobjekt denken.
Diese drei Gesangsnormen geben den Liedern ihren Stil und den
Sängern ihr Profil; sie lassen die Rosen erblühen, nämlich die Pro-
filierungs-Neu-Rosen.

Es ist schon seltsam, daß sich noch keine wissenschaftliche Arbeit, kaum ein Zeitungsartikel mit den Zusammenhängen zwischen der »klassischen« und der volkstümlichen Wiener Musik beschäftigt hat. Harry Zohn bringt wenigstens am Rande seiner Ausführungen einige Beispiele:

Ein Thema aus der ersten Symphonie von Gustav Mahler (dritter Satz, bezeichnet »mit Parodie«) klingt ungeheuer angelehnt an das Lied: »Es wird ein Wein sein«. Die Frage, ob sich da der Gruber beim Mahler oder der Mahler beim Gruber »bedient« hat, könnte von Musikologen sicher beantwortet werden, aber sie ist ihnen offenbar nicht wichtig genug.

Brahms, der bärtige Wahlwiener von der Waterkant, schreibt, daß ihm für sein Streichquartett opus 51 ein schwelgerisches Heurigen-Adagio eingefallen ist. Daß es von Johann Strauß auch Heurigenlieder gibt, ist zwar mehrmals (sogar in Fachbüchern) behauptet worden, stimmt aber nicht. Wohl sind seine Einfälle neu textiert und mit großem Erfolg in Filme eingebaut worden, aber zu »absichtlichen« Weinliedern hat sich der Walzerkönig nie herabgelassen.

Viele Schubert-Melodien blieben für kleine Musikanten unerreichbar, weil sie nur in den Salons bei musikalischen Soireen gespielt wurden. Erst als der geschäftstüchtige Emil Berté die überaus lohnende Idee zum »Dreimäderlhaus« hatte und bald darauf von den Wienern zum »Schuberté« ernannt wurde, kamen einige Lieder zu den kleinen Leuten.

Seither ist das »singende, klingende, herzenbezwingende Lied aus Wien« zum Volkslied geworden und das »Geh, Alte, schau« wird geschmacklos parodiert (... mi net so teppert an) und bringt Tantiemen; besonders diese beiden Ohrwürmer fügen sich nahtlos in die Gruppe der Heurigenlieder, obwohl – oder weil – sie vom Schubert Franz sind.

Unser Dialekt hat aus der Musik eine Musi gemacht, und über diesen interessanten Vorgang hört man von Plaudergneißern, von Sprachwissenschaftern, daß unsere Musi viel älter ist als die hochdeutsche Musik: viele Dialekte behielten die lateinische Betonung von musica bei, denn bei dem Wort handelt es sich um eine sehr frühe Entlehnung; erst im 17. Jahrhundert kam das französische Wort musique in Mode und setzte sich zuerst im Norden durch, wo man ja noch heute sagt: »Da liecht Musike drin.«

Wir aber singen:

A so a g'sunde, frische Musi

is uns Weanern 's liabste Gspusi.

Dazu ist zu bemerken, daß das italienische Wort sposa, die Verlobte, die Braut (von lat. spondeo = ich gelobe) schon zu Prinz Eugens Zeiten von den Wienern übernommen wurde. Dann muß irgendwer auf die Idee gekommen sein, die »Schposi« auf Musi zu reimen, der Dialekt stellte sich auf Gschpusi um – und damit war eines der beliebtesten Reimpaare auf der Welt und wird bis heute zum Dacapo vor den Vorhang gerufen.

O du süaße Weana Musi... Lieber Rudi Kronegger, was für ein herrliches Lied. »Süaß« ist die Musik eigentlich nicht. Eher schon harb, liab, resch, ferm – aber das hat dem Texter nicht gepaßt. Hauptsache, daß sie nicht süßlich ist.

Dann geht's weiter:

Du tuast so viel hamlich sein.

Das hat nur einem Wiener einfallen können: du bist heimlich, anheimelnd – das Wort gibt Wärme wie ein Ofenplatzerl.

Du kannst wana, du kannst lachen.

Wana (weinen) tut in Wien oft der Text. Die Melodie lächelt.

Dringst uns allen ins Herz hinein.

Über Wiener Herzfunktionen wird auf Seite 61 zu referieren sein.

Du kannst schmeicheln, du kannst trösten...

Beides empfindet der Wiener als richtig. Jede »hamliche« Musik tuat ihm »unhamlich« guat.

Alles an dir is guat und echt...

Jetzt geht aber das Gefühl mit dem Dichter durch und verhindert jede weitere Logik. Einem Profitexter hätte sich das Reimwort streicheln geradezu an den Hals geworfen, aber es kommt ein ganz anderer, ein verblüffender Abschluß:

Und in deiner lieben Mitten
geht's uns Weanern niemals schlecht![23])

Der Wiener hat also eine Ausnahmsstellung: er lebt in der Mitten von lauter Musik – aber daran denkt er leider viel zu selten!

## Das hat ka Goethe g'schrieb'n

Das erste Wienerlied war natürlich das vom lieben Augustin.
So eine herrliche urwienerische Figur, ein Dudelsackpfeifer, ein
Pestgruabnzuzler, mit makabrem Humor betrenzt - das kann man
sich doch nicht entgehen lassen:

> Die Liab zum Wein und 's Seligsein,
> das steckt im Bluat uns drin.
> Denn der Ahnherr von uns Weanern is
> der liabe Augustin![24])

Bei näherem Hinschauen stimmt aber leider gar nichts.
Historisch belegt ist, daß in Sachsen König August der Starke mit
einem ganz ähnlichen Text von seinen Untertanen verspottet
wurde, und die Melodie findet sich mit winzigen Abweichungen in
einem »Verzeichnis von original-schottischen Volksmelodien für
den Dudelsack«.
Auf jeden Fall gibt es vorher schon viel wienerischere Gstanzln,
(eine Volksliedersammlung von Wolfgang Schmeltzl, einen Lobge-
sang von Lateinstudenten der jungen »alma mater Rudolphina«
und einiges in alten Archiven), aber es ist ja gar nicht wichtig, welches das erste echte Weanalied war.
Ziemlich sicher aber haben die Harfenisten angefangen, durch den
Vortrag von wienerischen Weisen ihr kärgliches Brot zu verdienen.
Die Harfe hieß Lamadiergadern, also Lamentier-Gitter, und diese
Sängersandler produzierten hauptsächlich eigene Improvisationen
und Volkslieder.
Der Wiener liebt die Harfe – die kann man schlagen und sie haut
nicht zurück.
Erst nach dem Wiener Kongreß wird das Musikantenwesen eini-
germaßen historisch, und es erschienen bis heute dicke Bücher über
einen neuen Berufsstand, den man auch amtlich zur Kenntnis
nahm, nämlich über die Wiener Volkssänger.
Solche Volkssängergruppen bildeten sich in den Vororten, in den
Dörfern, bei den Weinbauern. In der kleinen Innenstadt, beim Adel
und beim Großbürgertum hätten sie damals auch kein Leiberl ge-
rissen, wären gar nicht vorgelassen worden.
Aber draußen, in den Vororten, in denen der Weinbau eine wichtige
Rolle gespielt hat, da haben sich musikalische Leute zusammengetan,
und der Weingarten war die Gehschule, in der die heimischen Lieder
ihre Form gefunden und die ersten Schritte probiert haben.

Das ist unter anderem ein Grund dafür, daß in unseren Texten der Begriff Wein in allen nur denkbaren Abwandlungen, als Rebensaft, als flüssiger Sonnenschein, als Geliebte, als Spezi und weiß Gott was noch alles so unverhältnismäßig öfter vorkommt als in vergleichbaren Melodien und Gedichten anderer Städte.

Die Volkssänger waren bald stolze Profi geworden, haben sich was auf ihre Kunst, vor allem auf ihre Schöpfungen, eingebildet und schritten zur Selbstverwirklichung: sie bildeten kleine Gruppen, gaben sich selber auffallende Namen – meist waren die Familiennamen auffallend genug – und kamen darauf, daß es ohne Registrierung, ohne Anmeldung und ohne Stempel nicht weiterging.

Schon damals: die Red' ist vom Beginn des 19. Jahrhunderts.

Die Obrigkeit legte diesen löblichen Bestrebungen Steine in den Weg, wo sie nur konnte. Das tat sie nicht ganz ohne Berechtigung, denn damals machte jedes neue Lied dem Publikum um so mehr Spaß, je deutlicher, je kräftiger, je ordinärer es war. Die Moral geriet in Gefahr!

Aus einem Polizeiakt aus dem Jahr 1832:

»...das Herumziehen dieser singenden Landstreichergruppen ist nach Möglichkeit thunlichst zu erschweren, zumal deren Produktionen die sittliche Haltung der Bevölkerung in Gefahr bringen, der Moralität nachtheilig und dem Hange zur Müßigkeit durch schlechtes Beyspiel förderlich sind.«

Die praktischen Auswirkungen dieser behördlichen Grundhaltung bestanden teils im »Nichtertheilen von Lizenzen«, teils durch Vorladungen verdächtiger Personen und deren Abmahnung oder auch darin, daß man Texte zensurierte und ganz oder teilweise verbot.

Die Herren Zensoren hatten ganz verschiedene Ansichten über das, was man unter Sittsamkeit verstand. So durfte zum Beispiel der Volkssänger Matras einen Text in der Josefstadt »absingen«, wenn er aber am »Brillantengrund«, am Schottenfeld, auftrat, war das gleiche Lied polizeilich verboten, wie man damals sagte, »g'spritzt«. Begründung? – Schmeck's, Kropferter!

Trotzdem wurden die Volkssänger immer beliebter, und die hohe Obrigkeit ließ ihr Oberwasser aus Bequemlichkeit und aus anderen historischen Gründen ab; die noch nicht vorhandenen Ampeln für die Künstler wurden immer grüner.

Dann kam etwas für diese Zeit sehr Aufregendes: die Pawlatschen, die Sängerbühnen, wurden von Damen erstürmt.

Weibliche Volkssänger!

Ja – derfen s' denn des, die Weiber?

Sie durften, sie hatten großen Erfolg, und einige von ihnen sind noch heute bekannt: die Luise Montag, die Fanny Hornischer, die Anna Ulke, die sogar in die Theatergeschichte einging: sie durfte der Geistinger nachspielen und hatte einmal Alexander Girardi als Partner – ja sie war 1876 sogar im Theater an der Wien als Prinz Orlowsky zu sehen.

Dann die Emilie Turetschek, die als Fiakermilli so auffallend war, daß sie via Hofmannsthal sogar ins Textbuch der Oper »Arabella« von Richard Strauss geschlüpft ist, und später gab es die Hansi Führer und die Maly Nagl, aber vorläufig wollen wir in der Zeit bleiben.

Die Damen kamen jedenfalls so gut an, daß sie für die Begründer und Leiter der Gesellschaften zu einer ernsthaften Konkurrenz wurden.

Dazu kamen noch andere Berufe, die den Eingesessenen das G'schäft wegnahmen. Im »Wiener Tagblatt« beschwert sich um 1890 ein Vertreter der Zunft vehement und erbittert über die »Jodler, Dudler, Klavierspieler und Kunstpfeifer«, die – dem guten Geschmack hohnlachend und für die viel zu teilnamslose Obrigkeit kaum faßbar – den wahrhaft Berechtigten den ohnedies immer karger werdenden Lebensunterhalt schmälern, wenn nicht gar ganz wegnehmen.

Wilhelm Wiesberg meint zu diesen traurigen Zuständen in einem Brief: »Diese Eindringlinge sind wie die Ameisen, wie die Borkenkäfer, die die echte Wiener Gemütlichkeit mit Purz und Stingel vertilgen.«

Nicht zuletzt waren es aber die Sängergesellschaften selber, die ihren künstlerischen Selbstmord in die Wege leiteten: das Niveau der Vorträge sank immer tiefer, das Schweinigeln sollte die fehlenden Einfälle ersetzen. Friedrich Schlögl, ein Chronist dieser Zeit, nannte die Antonie Mansfeld »ein personificiertes Mixtum Compositum von Schamlosigkeit und Kneipenwitz« und eiferte gegen ihren Erfolgsschlager mit dem bezeichnenden Titel: »Legts mich alle ins Grab.«

Die Wiener fanden: es muaß was g'schehn!

Es geschieht wirklich was: Zwei Männer kommen – unabhängig voneinander – auf die Idee, daß man auch mit anständigen, sogar halbwegs gescheiten Liedern Geschäfte machen konnte. Sie waren in der Lage, solche zu verfertigen, und so begann mit ihnen eine neue Ära, der viele Werke entstammen, die wir noch heute kennen und genießen.

Der eine war der Johann Baptist Moser (dessen Leistungen angeblich einen jungen Schauspieler namens Jean Juliet bewogen, sich den Künstlernamen Hans Moser zu wählen; andere Biographien nennen einen Burgschauspieler namens Josef Moser als Vorbild); der andere hieß Wilhelm Wiesberg und war einer der fruchtbarsten Schöpfer von populären Liedern. Er hat mehr als tausend geschrieben.

Über jeden der beiden gibt es eine Dissertation, eine Doktorarbeit, und das beweist wohl, wie wichtig die beiden waren. Ohne sie wäre der Stand der Volkssänger vermutlich zugrunde gegangen.

Wilhelm Wiesberg hieß eigentlich Bergamenter, tat sich mit dem Wenzel Seidl zusammen, und dieses Duo hatte – zum erstenmal – nicht nur in der Vorstadt, in den »entern Gründ'«, sondern auch in den Salons der Innenstadt großen, unerwarteten Erfolg. Wiesberg war einer der Begründer der schon erwähnten Duettform des Wienerliedes.

Dazu sollte man als dritten Reformator noch Johann Sioly, den Komponisten, der als einer der ganz wenigen das Konservatorium absolviert hatte, zählen, weil er den neuen Stil der Musik vorzeichnete.

Sie waren alle miteinander Spinner, skurrile Außenseiter, und wenn man in ihren Lebensbeschreibungen herumblättert, kann einem übel werden:

Wiesberg starb mit 46 Jahren an Schwindsucht, Biedermann, Kriebaum und Matras endeten in einer Irrenanstalt, und Joseph Schrammel bietet einige Stunden vor seinem Tod »meine wohlbekannte Violine samt meinem Portrait an Stelle der Schnecke« um 500 Gulden zum Verkauf an.

So arme Leut' und ein so reicher Nachlaß!

J. B. Moser war ein Reformator, fast ein Revolutionär. Er hat die Clown-Kostüme und die grell-bunte Schminkerei durch sein mutiges Vorbild abgeschafft und erklärt: »Mir woll'n lustige Liader singen, aber mir machen ka Humsti-Bumsti-G'schäft!« Das erniedrigende Absammeln mit dem Teller war ihm ein Greuel, er führte die Eintrittskarten ein, er erfand die Berufsbezeichnung Volkssänger und war sehr stolz auf den selbstgezimmerten Titel. Aber sein größtes Verdienst besteht zweifellos darin, daß er die Zote, das Schweinigeln durch sein gutes Beispiel in den Hintergrund drängte. Glücklicherweise waren die Wiener klug genug, ihm dafür durch Applaus, Zuspruch und Treue zu danken.

Die Volkssänger waren trotzdem lustige Leute. Einerseits nach innen, weil sie ihre Lebensangst vor einer völlig ungesicherten Zukunft zu kompensieren lernten, andererseits nach außen, weil sie mit immer neuen Liedern beweisen mußten, daß man auch ohne

Popo (Abkürzung für Porno-Pointen) Erfolg haben konnte. Das Niveau besserte sich schlagartig.

Daher war der Konkurrenzkampf der Sängergesellschaften ein brutaler und unbarmherziger: Wer mehr neue Lieder brachte, wer den besseren Begleiter gewonnen hatte, wer originellere Hüte trug, der hatte deutlich mehr Publikumszuspruch.

Man durfte nicht nachlassen, nicht absagen, nicht krank werden, der kärgliche Gulden war schwer verdient.

Die Salonsängerin Antonie Montag, die in jungen Jahren durch besondere Frivolität bekannt geworden war, bremste sich später deutlich ein und fand als ständigen Begleiter den Ferdinand Mansfeld, der nach einigen gemeinsamen ertragreichen Jahren plötzlich verstarb.

Sie beschloß, den Partezettel, die »Todesanzeige«, mit massiver Werbung zu verbinden. Es heißt dort nach den üblichen Floskeln und Datenangaben:

»...da ich den so schwer Leidenden in seinem Thodeskampfe nicht verlassen wollte, war ich in die wahrhaft unangenehme Lage versetzt, meinen Verpflichtungen dem p t. Publico gegenüber nicht nachkommen zu können. Devotest um Vergebung bittend, verbinde ich mit der Nachricht vom Hinscheiden meines unersetzlichen Ferdinands die geziemende Anzeige, daß ich ab Montag, dem 14. Juni 1869, mich bei meinen wiederaufzunehmenden Soireen bemühen werde, mit völlig neuen, helles Lachen erregenden Liedervorträgen meine verehrten Gönner allerbestens zu unterhalten.«

Als eine Wiener Zeitung sich über solche Herzlosigkeit entrüstete, soll die Mansfeld gesagt haben: »Ah was, der Ferdl wird nimmer lebendig, und so geht's in an Aufwaschen und kost' weniger.«

Auf ganz andere Art illustriert folgende Anekdote die Angst der Volksbelustiger vor dem Verlust an künstlerischem Prestige.

Richard Waldemar sollte zum erstenmal ein Lied bringen, das später überaus populär wurde:

> Ich putze, ich putze die Schuhe, die Schuhe,
> mit Glanz, Eleganz und mit Ruhe, mit Ruhe,
> pft tadara, pft tadara – ja, über meine Wichs, da geht halt nix![25])

»Wegn an Hängenbleib'n bin i dermaln gar net nervös«, sagte er einige Tage vor der »Premiere« zu seinem Freund Watzhofer, »i hab mir den Text auf'n Rücken von dera Schuhbürschtn auffepickt, und wann i net weiter weiß, kann i alls abeles'n.«

Er blieb dann aber doch fürchterlich hängen und erklärte das später seinem Freund folgendermaßen: »I bin dir a fürchterlicher

Hirsch! Bei die Proben hab i net drauf denkt, daß i bürschten muaß – und wia i dann vur de Leut' mit der Hand hin und her g'fahrn bin, hab i net mehr lesen können!«

Andererseits trug dieses Streben um Qualitätsverbesserung auch Früchte: Volkssänger fanden immer mehr Kontakt zum Bürgertum, man bat sie in die Salons. Bald war dieses Wort ein Statussymbol: es entstanden Salonkapellen und Salonorchester, man engagierte Salongeiger und Salonjodlerinnen. Davon wissen wir durch eine Glosse, die Friedrich Schlögl in seinen »Kleinen Culturbildern, Wien 1873« bringt, und darin heißt es, daß das Fräulein Mathilde Krahl sich vor kurzem unter der kühnen Bezeichnung »approbierte Salonjodlerin« bei der »Gesellschaft der Dudlerinnen« intabulieren ließ. Dem »Wiener Tagblatt« vom Dezember 1908 verdanken wir sogar eine Definition des Begriffes »dudeln«: Es ist demnach eine Mischung von singen, jodeln, paschen und pfeifen.

Das Salonbeuschel wird ja noch heute in gastronomischen Feinspitz-Betrieben durch ein Spiegelei salonfähig. Damals glaubte man, der Salon sei ein Zauberwort, um mehr Zuhörer anzulocken.

Von dem Volkssänger-Biographen Josef Koller erfahren wir von einer anderen Idee, um mehr »Marie« zu verdienen:

Karl Kratzl, dessen bleibender Erfolg das Lied »Das Glück is a Vogerl« wurde, kam auf den Gedanken, einen Wohltätigkeitsverein mit dem appetitlichen Namen »Der Sautrog« zu gründen, in dem er die schon vergessen geglaubte Sitte des Absammelns wieder einführen wollte.

Die Obrigkeit schöpfte Verdacht, Kratzl wurde vorgeladen und gefragt, mit welchem Recht er einen Mitgliedsbeitrag von fünf Kronen einhebe.

Darauf Kratzl: »I heb do nix ein! – I halt nur denen Leuten des Teller hin und sag: ›Nach Belieben fünf Kronen.‹ Wohlgemerkt: nach Belieben! Wann's aner brandelt, ist er automatisch Mitglied und wird mit ›Euer Gnaden‹ ang'red't. Wann nicht, is er scho draußt beim Tempel, weil – weil weniger nimm i net!«

Einer seiner Freunde war Josef Modl, der das Lied »Trink ma no a Flascherl« zu einem wienerischen Immergrün gemacht hat. Von ihm ist ein besonderer Werbegag überliefert. Er gastierte in einem Vorstadtlokal und veranlaßte die Aufstellung einer Personenwaage neben der Kasse. Jeder potentielle Besucher mußte draufsteigen und erfuhr, daß er pro zehn Kilogramm Körpergewicht einige Kreuzer Eintrittsgeld zu blechen hatte.

Das ging eine Zeitlang ganz gut, aber dann mehrten sich lautstarke

Beschwerden von »Restln«, von »Doppelbrockn« und anderen korpulenten Besuchern. Nach einer Schlägerei ging Modl wieder zu normalen Eintrittspreisen zurück. – Er soll kurz vor dem Wirbel gesagt haben: »Wann s' soviel fressen können, dann können s' zahln aa!«

Im neuen, im folgenden Jahrhundert, zerflatterten die Volkssänger, die pluralistische Gesellschaft kündigte sich an, und die Wienerlieder wurden nicht mehr in Singspielhallen und Etablissements von Solisten vorgetragen, sondern sie wurden beim Heurigen von den mehr oder minder breiten Massen annektiert. Das Wiener Genre, in vielen Texten als »Schaner« mißbraucht, dieses Genre, das die Volkssänger zu einem Klischee entwickelt hatten, von dem wir nie mehr losgekommen sind, wurde dort weiter gepflegt, mit neuen Nuancen versehen oder – nach Meinung der chronischen Raunzer – für die Ewigkeit mumifiziert und ist immer noch ein Geschäft, wenn auch ein eher unbedeutendes.

Wir wollen noch einen Volkssänger anführen, den die Wiener besonders geliebt haben, weil – oder obwohl – er ihnen etwas Entsetzliches angetan hat.

Eines seiner beliebtesten Lieder »Weil i an oider Draher bin« hat eine eigene Geschichte: Der »Mundl« sollte einen Solovortrag bringen, als dessen Abschluß das erwähnte Lied gedacht war. Das Solo kam nicht an und wurde gestrichen, das Lied war kaum aufgefallen. Da kam Pohlhammer, der Sekretär des Strampfertheaters, auf die Idee, den Guschlbauer als Werkelmann und nur mit dem Lied, zu dem er bessere Vorstrophen gedichtet hatte, dem Publikum zu präsentieren, und plötzlich waren die Zuhörer begeistert. Es gab nichts Schöneres als »drahn die ganze Nacht, bis daß an' d'Sunn anlacht«.[26])

Daß das Wort »drahn« vor Guschlbauer nur die Tätigkeit des Kurbelleierns bezeichnete, kann man einem älteren Lied entnehmen, in dem es wehmütig heißt:

... werkel uns als letzten Gruß
a Weanaliad ganz keck.
Pfiat God, du lieber Werkelmann,
du alter Drahanek![27])

Aber nach dem Guschlbauer-Schlager, war das Drahn mit einem Schlag zu einer Mode, zu einem »Muß« geworden, es kam ein Drahrerlied nach dem anderen.

A klane Drahrerei, da is doch nichts dabei, versichert man den Heurigenbesuchern, und sogar die holde Weiblichkeit wird zu mehr Verständnis und Toleranz erzogen:

Des nennt man do net g'lumpt,
weg'n so was wird net brummt,
weil eine Frau, die mit'm Mann glei' brummt,
net in Himmel kummt![28])

Da hätten sich die Herren Textdichter lieber einen vierten Reim
auf »umt« einfallen lassen sollen, anstatt den Lumpen Argumente
für ihr zu einer Tugend pervertiertes Laster zu liefern.
Noch heute wird nach den ersten Durstlöschaktionen das Yoyo-
lied gesungen: Ja, ja, der Wein is guat, es wird betont, daß ein alter
Hut keiner Erneuerung bedarf und daß die Bezugsperson gewillt
ist, bis zum Morgen der Musik zuzuhören. In der zweiten Vorstrophe kommt dann sogar ein begrüßenswerter Gedanke durch:

Und wenn's beim Drahn mich einmal packt
und mir die letzte Sperrstund' schlagt . . .
Gäbe es Vernunft in diesem Text, müßte er fortsetzen:
Dann wird mir Dodl endlich klar,
wie hirnverbrannt das Saufen war.
Aber davon ist natürlich keine Rede, denn das wäre unwienerisch,
geschäftsschädigend und erzieherisch; deshalb heißt es:
Werd i mi mit an Schwips, an klan,
in Himmel einidrahn.[29])

Wenn Paul Hörbiger in privatem Kreis um einen Vortrag angebet-
telt wurde, sang er dreimal das schöne Lied:

Drahn ma um und drahn ma auf, was liegt denn dran,
weil ma 's Geld auf dera Welt net fressen kann.
Verhatschte Absätz' und in jeden Schuach a Loch,
aber drahn, aber drahn tamma doch![30])

Dreimal kam dieser Refrain: der erste normal, gesungen von einem
fröhlichen, lebenslustigen heurigen Hasen.
Bei der Wiederholung war schon der Durchschnittsbesoffene da:
glanzige Äugerln, Gleichgewichtsminderung, leichte Lapsusserln
beim Wortansatz und reihum der bekannte Triumphblick: Was
sagts, wia i guat bin?
Beim drittenmal stellte der geniale Schauspieler ein volltrunkenes
Monstrum vor, daß nur noch lallen konnte: . . . verhatschte Löcher
und in jeden Absatz Schucherln – na: verhatschte Schuach mit lauter Löcher – san eh alles Löcher . . . und zum Schluß geifernd, spei-
bend, echtes Grausen erregend: aber drahn, aber drahn – tamma
doch!

Stürmischer Applaus. – Einmal sagte Paul zu seinem Begleiter (es war der Autor, der die Äußerung hiemit schriftlich festhält): »Die Weana san hoffnungslose Teppen; i will, daß eahna graust, und die paschen!«

Und noch ein letztes Beispiel dafür, daß ein Modewort die Wiener zu Lemmingen machen konnte:

Kinder, so jung komm ma nimmermehr z'samm,
machts keine Faxen, was tamma denn daham,
Das Fensehen war damals noch nicht erfunden.
So an klan Affen, den kamma verschlafen ...
Damals ist Trunkenheit am Zügel noch nicht ernst genommen worden.
Herr Ober, i hab no a Flascherl bestellt,
Im Original wird sogar Schampus bestellt, aber der paßt weder ins Beisl noch in die Buschenschenke.
Aussa mit'm letztn, heut pfeif i aufs Geld.
Leider schaut dieser Finanzplan morgen ganz anders aus.
Kummer und Sorgen, die laß ma auf morgen,
Wer jetzt ans Budgetdefizit denkt, ist selbst schuld.
Kinder, seids net fad, heut wird draht!

Und das alles und noch viel mehr wurde geschrieben und voll Überzeugung gesungen, weil der Guschlbauer so begabt und beliebt war.

Der Erste Weltkrieg hat mit einem tiefen Baßgitarrenton der Geschichte der Volkssänger ein Ende gesetzt. Zwar hat man 1920 wieder eine Organisation zur Pflege heimischer Musik gegründet, aber der Stadtname Wien wurde wohlweislich ausgelassen: In der internationalen Artisten-Organisation gab es zwar eine Menge bekannter Namen unter den Mitgliedern, aber diese IAO wird hier nur aus Ordnungsliebe angeführt. Geleistet hat sie nichts Besonderes.
Daher gibt es seit dem Beginn der Republik keine Geschichte des Wienerliedes mehr. Natürlich wird kein Mensch behaupten, daß nicht auch nachher sehr schöne, interessante, bewegende neue Lieder entstanden sind, aber es gab keine wirklich neuen Impulse, weder in der Form noch im Stil – aber bitte: auch ein Gulasch schmeckt um so besser, je öfter man es aufwärmt.

P.S. Das erste Werk eines Volkssängers, das bei Hof offiziell Anerkennung fand, das Kronprinz Rudolf als sein Lieblingslied bezeichnete, von dem die legendäre Sissy – so hat sie der Film getauft, aber
sie hieß Sisi (Elisabeth) – ihrem Vater Max nach Bayern berichtete,
soll hier als Denkmal für die Volkssänger stehen:

Das hat ka Göthe g'schrieb'n,
(Da steht wirklich »Göthe« und nicht »Goethe« wie in den meisten
Nachdrucken, in denen man den Fehler schamhaft verbessert hat)
das hat ka Schiller dicht',
's is von kan Klassiker, von kan Genie.
Das is a Wiener, der zu seiner Wien'rin spricht,
und 's klingt halt doch so voller Poesie![32]

# O *du harbe, laute Weana Sprach'*

Alles, was über den Wiener Dialekt geschrieben wurde – es ist
überraschenderweise nicht sehr viel – gilt klarerweise auch für die
Texte der Lieder. Aber ein paar Worte über ausgefallene Wörter,
über sprachliche Eigenheiten, zu denen Texter durch Reimzwang
oder Melodieführung verführt werden, sollen doch verloren werden; vielleicht empfindet der eine oder andere Leser, vielleicht sogar beide, diesen Verlust als Gewinn.
Um die Grammatik scheren sich die Herren Dichter kaum, die
schreiben alle nach'm G'fühl und verlassen sich drauf, daß sie ihre
Mundart beherrschen. Wenn es also heißt:

A Maderl, was selig ins Weinglaserl lacht,

dann denkt höchstens ein Germanist daran, daß in Wien das Rela-
tivpronom »was« für alle drei Geschlechter angewendet wird, praktisch (für Ausländer leicht erlernbar) und großzügig (wie Espe-
ranto zu sein vorgibt).
Ein bisserl könnt' sich auch ein Dialektspezialist aufregen, wenn er
liest: I bin im Prater mit sö eing'hängter gangen, weil das selbst
dem eingefleischtesten Wiener nicht koscher vorkommt. Aber das
sind halt ältere Abweichungen, vielleicht noch aus der Zeit, wo der
Dialekt bezirksweise nicht ganz gleich war.
Schon eher als richtig empfinden wir, wenn wir in dem herrlichen
Schrammellied, das vom Schrammelhans als »Werk 2« bezeichnet
ist, die Wendung finden:

»Wir sag'n sofort zu sö:
Ja, habts ös a Idee?«

und dann kommt das Lied »Was Öst'reich is«. Oder wenn die
Berta dem Schani lachend was »ins Ohrn« sagt und wenn wir noch
viele andere »Fehler« finden, dann wollen wir nicht beckmessern,
wir wollen uns eher wundern, wie formenreich die Sprache damals
war. Die deutsche Schulgrammatik ist hier nicht wichtig, aber das
Wiener Sprachgefühl.
Daß in Wiener Texten der Diminutiv, also die Verkleinerungsform,
oft häufiger vorkommt als die Grundform, das Positivum, hängt
einerseits mit der Tendenz des Wieners zusammen, sich alles, was
er braucht, möglichst handlich und herzig zu machen, andererseits
hat diese Leidenschaft oft auch heimliche reimliche Gründe, zum
Beispiel wenn die Musik eine zweisilbige Endung verlangt.

In dem Lied »Halt di z'ruck, Schackerl« sitzt man auf einem Bankerl bei einem Heurigentrankerl. Eine Bank wäre zu groß und ungemütlich, ein Trank kommt überhaupt nur als Sautrank vor. aber wenn bisher kein Mensch daran Anstoß genommen hat, warum sollte ein Büchelschreiber was dran finden?
Die Fusserln und die Handerln sind für einen Verliebten viel bagschierlicher und erotischer als die Füaß' und die Händ'. Wann's Haneferl singt, wüßte man gar nicht, ob es auch einen Hanef gibt, und daß in der Folge ein Hirscherl aufspringt, ist klar: ein großer Hirsch würde nur als unpassend, unförmig und viel zu einsilbig empfunden.
Oder nehmen wir einmal an, es gäbe ein Wirtshaus zu silbernen Kanne!
Undenkbar!
Das Wirtshaus, das wir besingen, liegt in an »ganz an klan Gasserl«, die Wirtin und »'s Töchterl« sind g'schmackig und rund und der Wirt selbstverständlich a »kreuzfidels Mannderl«.
Wenn man dort beim Tisch sitzt, freut man sich, daß das »Weinderl« so frisch ist, obwohl man eigentlich noch nie einen »frischen« Wein getrunken hat, nur weil er sich auf Tisch reimen muß.
Wirt, bring die Kanne her! – Das ist großartig, das gehört in die Oper!
Aber gemütlicher ist es ja doch, wenn ein kreuzfidels Mannderl ein silbernes Kannderl schwingt.[33])
Wienerlieder sind bescheiden, sogar von Weinorten verlangt man nur kleine Portionen:

A bisserl Grinzing, a bisserl Sievering, a bisserl Neuwaldegg,
a bisserl Nußdorf, Ottakring und Petersdorf,
das is mei Lebenszweck.[34])

Aus Grinzing bringt man einen winzigen Affen nach Haus, man denkt gerne an die Zeit, da man sang: »I hab amal a Räuscherl g'habt«, und sogar von den Tonfolgen singt ein altes Lied:

A Musi, a Musi, is aa no so klan,
des is halt a Leben, des is halt a Schan![35])

Wo gibt es sonst noch auf der Welt eine »kleine« Musik? – Bitte jetzt ja nicht an die »Kleine Nachtmusik« zu denken!
Nur die ganz hehren, von hohen Idealen strotzenden Begriffe werden in natürlicher Größe belassen: von einem Donaustromerl, einem Hofburgerl oder gar von einem Schönbrunnerl hat man noch nichts gehört.

In diese Kategorie müßte eigentlich auch das Glück eingereiht werden:

> Doch wenn dir das Leben ein Stückerl,
> ein Stückerl vom Glücke beschert...

»Vom Glücke« – dieses Glück wird durch den altvaterischen Dativ mit dem »e« noch viel feierlicher – vom Glücke müßte auch ein Teil, ein Stückerl, noch etwas Großartiges sein. Aber in diesem Text wird die Tendenz, Ersehntes handlich zu machen, sogar theoretisch begründet:

> Drum greif nach dem sonnigen Glückerl (also doch!),
> denn ein Tor, der das Kleine nicht ehrt.[36])

Da hammas: die Wiener waren den Amerikanern schon immer meilenweit voraus, denn die haben schon im Jahr 1910 erkannt: small is beautiful!

Ein ganzes Kapitel, ja, ein ausgewachsenes Wörterbuch könnte man den heute ausgestorbenen Wörtern widmen, die uns die Texte aufbewahren, die man allerdings auch dem Schrifttum der Zeitgenossen entnehmen könnte.
Eine Pute war damals ein Schuasterpockerl, ein Umhang war ein Fürta (Vor-Tuch), dreimal finden wir das Wort »derlietschen« für erblicken, aus dem bäuerlichen Wortschatz stammt Irta für Dienstag, Schnipfer für Dieb. Aber die Wörter wandern mit den Waren, und die Waren waren halt vor hundert Jahren ganz andere als heute.
Viele französische Fremdwörter: Zahlmarkör, Commis, loschieren und Logis, die berühmte Bassena, die später als Bezeichnung für ärmliche Wohnungen dienen mußte, Portemonnaie, Bagaschi, dusma (*doucement*), schappieren (frz. *échapper* = entfliehen) und zahllose andere werden in Wienerliedern konserviert. Wer Zeit und Lust hat, könnte sich auch auf die vielen Kronländerwörter stürzen, besonders auf tschechische Ausdrücke, denn das »Böhmakeln« war eine gesuchte Wirkungsmöglichkeit für Komiker. So war zum Beispiel eine sehr bekannte Zugnummer des Volkssängers Carl Kampf, ein Vortrag mit dem Titel »Den Mailiftl«, eigentlich nur eine Blödelei mit böhmischer Sprachverwirrung. Das war um 1850.
Und wie heißt der erste, knappe hundert Jahre später in Österreich konstruierte Computer?
Mailüfterl.

Auch ungarische, kroatische und italienische Wörter werden in unseren Liedern mühelos eingebaut und sind Klangfarben, die das Sprachmosaik noch mehr zum Leuchten bringen. In den Wienerliedern findet man die herrliche Eigenschaft dieser Stadt: die chauvinistische Weltoffenheit!

Mehr als die fast wahllose, weil anscheinend unbewußte Menge von Fremdwörtern fällt die Sorglosigkeit bei der Aufnahme von Fremdkörpern beim Textieren auf.

Denk dir, die Welt wär' ein Blumenstrauß,
und zwischen Rosen guckt Wien heraus.

Bitte schön: wer »guckt« in Wien? – Oder:

I waß an Wein, der schmeckt scho so,
der macht an' lustig, der macht an' froh,
wie der auf der Zungen zergeht...

Alles in Ordnung bisher. Richtiger Dialekt, in dem man »einen Wein« weiß. Aber jetzt kommt der Eindringling, die sprachliche Watsch'n:

Wie der alle Sorgen verweht...

Sorgen verwehn? Ja Kruzefux, das ist doch plötzlich eine ganz andere Sprache!

Aber das sind ja nur ganz kleine Fische. Richtig störend sind die Zeilen, in denen der klassische Pegasus durchs Naturbild hatscht:

Ja dann gingert' i abe zum Bach...

Richtig volksliedhaft, natürlich, umweltbewußt. Aber dann:

Schau sein'm plätschernden Spiel träumend nach.[38])

Also seids mir net bös, Leut'ln, aber das paßt doch so wie Pfefferoni zu einer Malakofftorte!

Zu diesen von uns fast geliebten Schönheitsfehlern gehört auch die falsche Wortstellung, die wir wegen der Dominanz der Musik »gar net ignorieren«, die sogar von unserem Standpunkt aus richtig ist. Aber wer tüfteln will – es müßte heißen: Erscht wann's aus sein wird.

Es müßte heißen: Wer no net in Wean war. Gott sei Dank steht da: Wer noch in Wien net war...

I hab kan Zins no zahlt – auf ihrer letzten Fahrt kommt mit das ganze alte Wien – sonst wär' die Sehnsucht nicht so groß nach einem Wein.

Der Dialekt hat eben seine eigene Syntax. Weh tut einem nur,

wenn im offiziellen Text zum Donauwalzer die Schriftsprache verwendet wird und es zur inoffiziellen Wiener Hymne nicht nur am
Anfang heißt: Wiener, seid froh, oho, wieso, sondern am Schluß
des ersten Teils:

> Was nützt das Trauern und Bedauern,
> darum froh und heiter seid!

(So schrieb der Hausdichter des Wiener Männergesangsvereins,
Josef Weyl, und löste Heiterkeit aus.)
Ein Text muß gereimt sein, und das ist er auch immer: die Qualität
der Reime aber ist halt sehr unterschiedlich. Im allgemeinen ge-
bührt den meisten Textdichtern – besonders denen aus alten Zeiten
– ein besonderes Lob, denn nach der Jahrhundertwende sind kaum
mehr Texte geschrieben worden, die so sehr von der Freude an
Wortspielen und Gleichklängen leben wie damals, als ein Wörter-
lied mit Kurzreimen erschien, das ein Kunstwerk war:

> Schlechte Zeit, Schwierigkeit,
> Preßg'setz-Hamur.
> Böses Mäul, a Skandäu,
> Erbsentinktur (Gefängniskost: Erbsen).
> Nachstudiert – simuliert,
> Guate Idee:
> Neuches Liad komponiert:
> Wörter-Allee!

Und so geht das vier Strophen!
Oder eine Coupletstrophe, der man anmerkt, wie da an einzelnen
Silben gepietzelt worden ist und die eine treffende Schilderung der
so oft zurückgesehnten guaten alten Zeit bietet:

> Geldmisere, Zeiten schwere,
> klein und groß – obdachlos.
> Miete g'schmalzen, Hausherrn g'salzen,
> bleibt nur noch – 's Massenloch.
> Dort schlafen siebzehn in drei Betten,
> um stilles Beileid wird gebeten![39])

Auf das Wort »zaubert« weiß die Standardsprache keine Reime,
aber wenn es bei uns heißt, daß »der Wienerwald im Mai einen jeden verzaubert«, dann wird man natürlich neugierig, wie es weitergeht – und freut sich, wenn es heißt: Da gibt's einen Platz, wo der
Bursch seinem Schatz etwas glaubt, was er sonst nirgends glaubert.
Bravo – so nützt man die Möglichkeiten der Mundart aus.

Nur a bisserl tuast jetzt schwanken,
weils d' vom Wein an Schweigl kriagst,
und weil schwer san die Gedanken,
hast d' mit deine Füaß a G'wirgst.

Das hält jeder Reimkritik stand!
Um einen berühmten Weinort südlich von Mödling zu erreichen,
ist der Weinsüchtige sogar bereit, seinen Federbett-Überzug zu
vergitschen:

Verkaufts mei Tuchentziachen,
i muaß nach Gumpoldskirchen![40])

In dem herrlichen Lied mit dem Titel »Unser Nachwuchs« beschert
uns Wilhelm Wiesberg zwei besonders erwähnenswerte Reimpaare. Das eine verblüfft durch seinen prophetischen Blick; er findet, daß »die Buam unhamlich aufg'weckt san« und:

mit zwölf Jahr'n schon jeder spannt,
was für Leut' 's gibt drob'n am Mond.
Das zweite Paar bringt einen genialen Dialektreim:
Aber g'scheit san halt die Buama (Buben),
eahnan Master tan s' es furma . . .

Aber wenn jetzt ein Zuagraster glaubt, daß »furma« per analogiam
von einem geheimnisvollen »fuben« kommt, das sich umgangs-
sprachlich auf Buben reimen müßte, dann steigt er auf die Seife.
Dieses »furma« müßte eigentlich mit v geschrieben werden und ist
verkürzt aus »vurmachen«.[41])
Solche Einfälle sind aber selten wie die Haupttreffer. Bei Durch-
schnittsprodukten hat man oft das Gefühl, daß es standardisierte
Reimpaare gibt, die bei kurzem Ideenausfall zur Verfügung stehen
und bedenkenlos eingesetzt werden: Strauß – Haus, G'müatlichkeit – alte Zeit, war amal – Liachtental, ohne Pflanz – alte Tanz,
Donaustrom – Stephansdom und so weiter.
Zum Schluß noch eine Kombination von schlechtem Reim plus
Fremdkörper, der aber nicht verhindert, daß wir das Ganze immer
wieder gerne singen:

Wenn um Mitternacht die Sternderln plauschen . . .
Ein kühner Vergleich. Aber warum soll ein Poet nicht redende
Himmelskörper erfinden? Nun die Fortsetzung des Gedankens:
Tua i gar so gern der Musi lauschen.[42])

Da spießt es sich, da spießt sa si – weil das Wort »lauschen« findet man in keinem Dialektwörterbuch und schon gar nicht im aktiven Sprachschatz der Bezugspersonen.

Eine große Gruppe von seltenen Reimgelegenheiten findet unsere Lupe bei den vielen Schimpfwörtern, die man nur in Wien mit Musik unterstreicht.
Weder die Texter noch die Sänger wußten zu der Zeit, in der diese befreienden musikalischen Abreaktionsmöglichkeiten entstanden, daß das Abladen von aufgestautem Seelenmist heilsam ist und daher von Psychotherapeuten empfohlen wird.
Man stellt verwundert fest, daß jede Zunft auf Angehörige anderer Professionen verachtungsvoll herabblickte und daß solche Wadlbeißereien zu beliebten Liedertexten werden konnten.
Eine wienerische Eigenheit. Parallelen aus anderen Gesangsmetropolen müßten erst gefunden werden.
Aber diese Schimpfkanonaden sind nie wirklich verletzend, sondern sie reizen zum Schmunzeln, erweitern die Nuancen auf der Sprachpalette und – wie es in einem der Texte heißt[43] – sie verschaffen Respekt!
In einer Zeit, da sich die Gewerkschaften zu einem großen Bund zusammengeschlossen haben, kann man sich kaum noch vorstellen, daß einzelne Berufe öffentlich, aber musikalisch aufeinander losgegangen sind:
Hatschermacherg'sell, hatscherter – Flickschuasta, damischer, Krischpindel, windverdraht's, Zwirnblader mit'm Untag'wicht, Tatscherlbacher, Laberltiger . . .
So beschimpften Schuster, Schneider und Bäcker einander zur Freude der Hörerschaft.[44]
Viele Berufe wurden sogar unverändert als Herabsetzungen verwendet:
Schinder, Hutschenschleuderer, Todngraber, Kanäuramer – die Reihe wäre fortzusetzen; für Interessierte wird zum Heimstudium geraten.
Du Blunzenstricker – das wäre also einer, der mittels Stricknadeln ein Gewebe aus Blutwürsten herzustellen versteht; überhaupt im Erfinden von Metaphern, von Vergleichen sind die heimischen Abreaktoren unermüdlich:
Du Sulzfuß-Indianer, du g'flickte Himmelhaut, du schölchverrenkt's Kamel (Trampeltier, dessen Augen unter einer Art Luxation leiden), du gugascheckerter Fliagnpilz (Fliegenpilz mit Sommersprossen), du vom Krokodül bissener Komfortabel-Blitzer (ist denn das Prellen um den Fuhrlohn nicht auch ohne Reptilien-Eingriff

schon verwerflich genug?) und endlich: du g'fehlter Pintsch mit'm Tintenröhrlg'stell (du mißgestalteter Terrier mit dem Körperbau eines unsportlichen Journalisten) – das sind nur ein paar Zeilen aus den Vorstrophen eines Liedes, das jeder Wiener kennt und dessen Refrain er überzeugt mitsingt:

Das is halt weanarisch, holodaro,
a Witz, a Kern – so reden d' Leut' in Wean!

Noch ein paar Beispiele aus diesem Text. Es sagt ein Fiaker:

Willst eppa mit mir handeln
oder fahr'n gar nach der Tax?
Dann kriagst a Därrn, daß d's Kaunitzbergl
anschaust für die Rax!

Ein Wäschermadl weist einen Stutzer, der sie belästigt, in die Schranken und nennt ihn nicht nur Gigerl mit'm neuchn Sonntagsg'sicht, sondern auch Bojazzer aus'm Zirkus Renz. Bojazzer – Pagliaccio – ein arger Insult, wenn man bedenkt, daß damals der Spruch »Hängts die Wäsch' weg, die Künstler kommen« noch sehr ernst genommen wurde.
Ein Deutschmeister apostrophiert einen Kellner:

Du gasbeleucht'ter Schwalbenschwanz
mit'm Trinkgeldnehmerg'sicht!

Und in der siebenten Strophe (!) wird es richtig makaber, denn da beurteilt ein abgewiesener Freier seine Gewesene folgendermaßen:

Der windvadrahte Kräudlerschrag'n
find't höchstens no a Glück
als Banerhaufn wo in einer Spodiumfabrik!
(Wo aus Kadavern Seife erzeugt wurde.)[45])

Völlig klar: die meisten dieser Ausdrücke, besonders die farbigen Attribute, wurden von dem (unbekannten) Texter erfunden und adaptiert, trotzdem darf man annehmen, daß der Anonymus sich aus dem wurlerten Wiener Wortschatz bedienen konnte und daher beim Dichten nicht schwertat.
Das bekannteste Schimpflied hat diesem Kapitel seinen Titel geschenkt: es wird im Zusammenhang mit den Fiakern behandelt werden.
Für Germanisten und Dialektologen kommt jetzt noch ein kleines Schwanzerl, das von normalen Menschen ruhig kupiert und übersprungen werden kann.

Ein Wiener Germanist, sehr jung verstorben, Dr. Albert Etz, hat einen Sonderdruck herausgegeben: Zur Mundart im Wienerlied.[46]) Viele seiner Feststellungen sind schon nachschaffend erwähnt worden: die falsche Syntax, die subjektive Verherrlichung negativer, aber heimischer Typen, die Neigung zu Fremdwörtern und Fremdkörpern und die wildwuchernden Verkleinerungsformen.

In einer Passage über lautliche Eigenheiten der Texte findet sich eine interessante Theorie:

*Nur* im Wiener Dialekt wird mittelhochdeutsches ei zu offenem a: weiß – waaß, heiß – haaß, Bein – Baan. Bekanntes Beispiel für letzteres: Radibua, riach zu de Baa(n) – das is in Weana sei Schaa(n)!

In den umliegenden ländlichen Gebieten sagt man »oa«: woaß, hoaß, Boa(n). Warum gerade in Wien das offene a, auf das unsere Sänger mit Recht so gierig sind?

Unser posthumer Dank gilt den Babenbergern. Sie kamen aus Franken, aus Bamberg, und brachten unter anderem das helle a nach Wien, und man weiß es ja: ein Regent regiert oft auch über sprachliche Eigenheiten. Daß der Graf Bobby und der Rudi so stark näseln, ist auf die Polypen eines Erzherzogs zurückzuführen, der später imitiert wurde.

Albert Etz beantwortet auch die Frage, warum in unseren Texten einmal Wien, und dann wieder Wean steht: Besingt man die vertraute, geliebte Stadt mit der üblichen Fülle von Emotionen, dann heißt sie Wean; steht man aber in ehrfurchtsvoller Entfernung auf seelischen Kniescheiben vor dem Nabel der Welt, vor der Kaiserstadt oder vor dem Wasserkopf, dann ist die feierliche Form Wien zu verwenden.

Diesem poetischen, praktischen und so überaus sangbaren Stadtnamen wird das folgende Teilstück zu widmen sein.

## Wien, Wien, nur du allein

Zweimal am Anfang, zweimal in der Mitte und dreimal am Schluß kommt der Stadtname in diesem weltberühmten Wienerlied vor, der Text ist in einige Fremdsprachen übersetzt worden, es ist zum Markenzeichen für unsere Stadt geworden, dabei ist die Melodie eigentlich gar nicht wienerisch, sondern eher ein großes Operettentenorlied.
Sie geht ungehört ins Ohr, sie ist lieblich und heroisch, und sie hat etwas, was jeden Menschen anspricht und fröhlich macht, aber eine typisch wienerische Weise ist sie nicht.
Hofrat Rudolf Sieczinsky hat sich selbst einen Text geschrieben, der weit vom Wiener Dialekt entfernt ist:

Dann hört' ich aus weiter Ferne ein Lied,
das klingt und singt, das lockt und zieht ...
Oder:
Wenn sehnend ein Arm mich umschlingt,
wenn heimlich und leis der Heimat zum Preis
ein Straußischer (!) Walzer erklingt ...

Das kommt doch aus einer ganz anderen Sphäre.
Aber dann die großartige Musik, der große Bogen, den er uns als Komponist geschenkt hat!
Kann man ihn überhaupt als Komponisten unter die schöpferischen Künstler einreihen? Er hat später noch viele Wienerlieder geschrieben, von denen sich kein einziges gehalten hat, von denen keines bekannt wurde. Nur sein Opus eins, das er, abweichend von der Lied-Zeile, »Wien, Stadt meiner Träume« betitelt hat – warum eigentlich? –, ist noch in unseren fünfziger Jahren als die »Lili Marlen« des Ersten Weltkrieges bezeichnet worden.
Im Zusammenhang mit diesem herrlichen Lied wird viel Dummes kolportiert, man hört von verschiedenen Seiten Gerüchte, aber man kann niemanden festnageln, man stößt nur auf zuckende Achseln und kann nichts beweisen; darum sei mit allen Vorbehalten weitergegeben, daß angeblich in den zwanziger Jahren ein Musiker beim Herrn Hofrat erschienen sei, der ihn gebeten habe, an den Tantiemen beteiligt zu werden, weil es doch sein musikalischer Einfall gewesen sei, den er dem Herrn Hofrat zu Verfügung gestellt habe. Dieser Musiker sei aber, wie es im Hofratsjargon heißen muß, abschlägig beschieden worden, und dann sei die Affäre im Sand verlaufen.

Wenn auch nur ein Körnchen Wahrheit hinter diesem Gerücht steckt, wäre dadurch erklärlich, daß diesem Welterfolg auch nicht der kleinste Nach-Erfolg gefolgt ist.

Eine kleine, sicherlich zufällige Zahlenspielerei: »Wien, Wien, nur du allein« trägt die Opuszahl eins; das fast ebenso bekannte Lied »Mei Muatterl war a Weanerin« von Ludwig Gruber ist das Opus tausend.

Gilt hier der Satz: Übung macht den Meister?

Nein. – Eher schon: man hat's oder man hat's nicht.

Seltsam, daß noch niemand ähnliche Vermutungen angestellt hat.

Über die Herkunft dieses Stadtnamens, der jeden halbwegs begabten Sonntagsdichter zum Reimen und Liederschreiben zwingt, weil er so viele Möglichkeiten bietet, weiß man seltsamerweise auch in Fachkreisen recht wenig.

Man hat seinerzeit an Weiden und Widmung gedacht, die als Ursprungswörter in Betracht kämen; später haben Kranzmayer und Steinhauser neue Theorien aufgestellt: Demnach war das gleichnamige Bächlein eine Holztransporterleichterung, eine slawische Holzwurzel heißt *vedu* (davon unser Kranawitten) – und dieses Bächlein hat ganz früh *viaden* oder *vedunica* geheißen. Mit *vedunica* hätte man aber nur schwer Lieder machen können, und die Urbürger vereinfachten die slawischen Namen zu Wienne. Diese Form finden wir schon in der Kaiserchronik des ausgehenden 10. Jahrhunderts. – Das heißt natürlich: nicht wir, aber die Paläographen, die solche Urkunden wie eine Tageszeitung fließend lesen können.

Bitte schön: Wi-enne, also damals noch kein langes, saaangbares »i«, daher die ausländischen Entsprechungen: französisch *vienne*, englisch *vienna*, russisch *vjena* und so fort.

Diese Urform hat der Dialekt treulich (mit einer kleinen, lautgesetzlich bedingten Veränderung) bewahrt: Wean ist fast unverändertes Mittelhochdeutsch!

Reimbeflissene finden schon im Namen mindestens zwei Möglichkeiten, die Stadt zu besingen. Sie hätten es bei Oslo, Warschau oder Sydney viel schwerer, und darum werden diese armen Großstädte für immer ohne typische Lieder bleiben müssen. Die Wiener sollten dem Sprachgefühl ihrer Vorfahren sehr dankbar sein!

Aber hier finden sie, wie gesagt, gleich zwei Möglichkeiten: Wien kann eine Unzahl von Begriffen zu herrlichem Gleichklang erziehen: Melodien, die erblühn, die Harmonien und der Jasmin, dem Charme der Stadt kann man nicht entfliehn, und im Reimlexikon finden sich mehr als dreißig Reime auf -in und -ien. Die zweite Möglichkeit: eine Heerschar von Reimwörtern auf Wean: fern, gern, Stern, Kern – und wem das noch nicht genügt, der kann sich noch das bewährte Compositum »Weanastadt« unter den Pegasushuf reißen und ist sicher aller Reimsorgen enthoben.

Ein kleines Beispiel dafür, daß Abnützungserscheinungen nicht zu befürchten sind, hier ein neuerer Text aus dem Jahr 1974:

> Ein verliebtes Lied aus Wien
> – und die Sorgen sind dahin.
> Mehr als jede Medizin
> hilft a süaße Medizin.
> Ein verliebter Kuß in Wien
> läßt im Sommer die Rosen blühn,
> laß es nie aus deinem Herzen fliehn,
> das verliebte Lied aus Wien.[47])

Wer braucht Gedanken, wenn er so viele Reime hat!

Aber nicht nur die Wortgestalt, auch die Behandlungsmöglichkeiten dieser Stadt müssen jeden Schreibsüchtigen locken. Was kann man nicht alles mit Wien unternehmen! Zum Beispiel kann man Wien

Erstens: anstrudeln.

Hierher gehört das soeben erwähnte berühmteste aller Lieder, das die Metropole zur Stadt meiner Träume macht, weil dort die alten Häuser stehn und die lieblichen Mäderln gehn.
Beliebt sind die besitzanzeigenden Zeilen:

> Das ist mein Wien, mein liebes Wien,
> So lebt man dort, wo ich geboren bin![48])

Oder die hochoriginelle Variante:

> Das ist mein Wien, die Stadt der Lieder
> am schönen blauen Donaustrom.[49])

Und wieder ganz anders:

> O Wien, mein liebes Wien,
> es zieht mich zu dir hin,
> du Stadt im grünen Zauberkleid,
> voll Leichtsinn und voll Fröhlichkeit![50])

Jedes dieser Eigentumslieder singt man mit Begeisterung und

glaubt auch fest an das, was uns der weitere Text versichert: daß nur in Wien holde Fraun aus den Fenstern schaun, vermutlich, weil sie sonst nichts zu tun haben.

Ein Lied fängt sogar lateinisch an:

> Vindobona, du herrliche Stadt,
> die so reizende Anlagen hat

— allerdings kriegt der Text bald Angst vor dem eigenen Mut zum Hochgestochenen und lenkt ein:

> San ma aa von dir oft fern,
> denk' ma doch ans liabe Wean.

Besonders fein die indirekte Anstrudelung:

> Mein Liebchen wohnt am Donaustrand,
> drum zieht es stets mich hin,
> mein Liebchen ist mein Vaterland,

Und jetzt erst springt die Katz' aus dem Sack:
Man fragt sich: Kann ein Vaterland ein Liebchen sein? Aber nachdem es grammatikalisch in Ordnung ist, forscht niemand weiter nach. Ein paar Zeilen später aber wird es holprig, denn plötzlich ändert das Wien sein sächliches Geschlecht und wird eine Dame, und dann heißt es:

> Am moralischen Ruf liegt ihr gar nichts dran,
> a Nachtquartier gibt sie gleich jedermann.
> Im Herzen drin, da hat mein Schatz
> sogar auch einen Judenplatz![51])

So ein liberales, liebes Liebchen muß man doch anstrudeln!

Man kann aber seine Liebe zur Vaterstadt auch dadurch ins musikalische Licht setzen, daß man ihr sagt, wie sehr sie einem leid tut. Daher gibt es eine erkleckliche Anzahl von Texten, die Wien

Zweitens: bedauern.

Wahrscheinlich entsteht diese Art von Texten als Trost für sich selber, aber getarnt als Mitleid:

> I derf an Wean net denken, sonst fang i an zum Rearn.[52])

Seit es Wien gibt, ist die Gegenwart traurig, aber in Gedanken an frühere Zeiten wird versucht, eine gewisse Kontinuität zu fingieren:

Wien, du bleibst das verwöhnteste Kind der Welt.
Und wieder kommt rosa-getönter Optimismus zu Wort:
Wien, es wird alles wieder wie einst![53])

Manchmal gibt es einen Hurra-Optimismus, der in Wirklichkeit
ein Beileidsbrief ist, denn die gekünstelte Färbung ist offensichtlich:

I hab ka Angst ums Weanaliad,
des wird bestimmt net untergehn.

Wer hat denn was gesagt, daß es untergeht? Aber da gilt vielleicht:
Wer meld't, der bellt!

Wenn heut auch all's moderner wird,
bleibt's doch für alle Zeit bestehn.

Das nennen die Amerikaner wishful thinking, Wunschdenken, und
wir Wiener können das auch.[54])
Am meisten aber wird das arme Wien mit Krokodilstränen bedau-
ert, weil es irgendeinmal ohne uns weiterleben wird müssen:

Was g'schiecht mit dir, du liebe Weanastadt,
wenn wir nimmer leb'n?
Mit den Häusern verschwind't die alte Zeit,
ein Stück ums andre sagt uns ade ...

Aber dann wird die Krokodilsträne wieder weggewischt:

Uns braucht ned lad sein, nur schön stad sein,
weil in hundert Jahr'n tut uns ka Ban mehr weh![55])

Was kann man sonst noch mit Wien machen? – Nun, man kann es
mit etwas Poetischem

Drittens: vergleichen.

Wien ist zum Beispiel ein Sternderl vom Himmel,
das uns der Herrgott vermacht.[56])

Wohlgemerkt: ein Sternderl, aber kein Stern.
Wien ist die Perle im Donautal, Vindobona ist die Perle von Österreich, ist ein Blumenstrauß mit leuchtendem Grün, ist eine mythi-
sche Person, die man auffordern kann:

Steh auf, liebes Wien, und schenk dir ein, liebes Wien!

Personifizierungen sind überhaupt sehr gängig, so schaut die alte
Zeit im Liachtental persönlich beim Fenster heraus. Es ziehn durch

die Wiener Luft Walzer wie Blumenduft, und schöner als Rosmarin blühen die Melodien.

Vor allem wird Wien immer wieder mit dem Paradies verglichen, dies schon deshalb, weil sich das Wort so gut singen und bereimen läßt:

Weil wir einst das Paradies hab'n verlorn,
ist unser Wien das zweite word'n.

Eines dieser Paradiese hat man sogar gefärbt: Komm ins blaue Paradies. Demnach müßte im Liebhartstal alles blau sein, aber weitere Hinweise fehlen leider.[57])

Ganz besonders plastisch wird der Stadtname, wenn sich der Dichter aus der Ferne nach der Heimatstadt sehnt. Vom weiten ist Wien nämlich noch tausendmal schöner als in der idealisierten Überbewertung der Alltagstexte. Weil es kein Nachdenken erfordert, weil es billig und freundlich wirkt und weil es jeder gerne hört, läßt man Wien

Viertens und letztens: grüßen, und zwar jede Einzelheit, die einem einfällt.

Gegrüßt sei, erster Frühlingstag in Wienerwaldesluft![58])

Servus, kleine Wienerin, laß Grinzing von mir grüßen![59])

Und zum Schluß bringt noch einen Gruß
unsrer lieben Donau, dem herrlichen Fluß![60])

Mindestens zehn solcher Grußlieder stehen auf Kaszetteln, die der Autor bei den Vorarbeiten gesammelt hat, aber die Beispiele sind nicht sehr wichtig, wohl aber die Tatsache, daß solche Grußlieder mehr oder minder zahlreich in die silbernen und goldenen Operetten eingedrungen sind. Daß es schon genügt, die gängigsten Klischeebegriffe aneinanderzureihen, beweist ein ganz berühmtes Lied, das sowohl beim Heurigen als auch in den Musiklokalen der ganzen Welt gesungen wird – was eher selten ist – und das wahrscheinlich durch die Musik populär geworden ist, aber doch nicht nur durch die Musik, sondern weil die Wiener grüßbaren Dinge gut vorstellbar und angenehm zu artikulieren sind.

Fast immer lohnt es sich, zu grüßen: die Mäderln, die Frauen, die Auen und die Augen, die blauen, die Donau, den Prater, die Mutter, den Vater, den Schnalzer, den Walzer, die Seligkeit, die Fröhlichkeit, die Märchen und die Pärchen, die durch die mondhellen Gasserln heimwärts ziehn, und der Schluß ist dann immer wieder

das singende, klingende, träumende, so leicht zu reimende, klangvolle langsilbige und – wenigstens seinerzeit – konkurrenzlose Wien![61])
Wiiiiiiiiiiien!
Und wer jetzt nicht frenetisch applaudiert, ist selber schuld, wenn er der heimischen Lynchjustiz zum Opfer fällt.

## Wia ma san, so san ma

Hier kommt ein Versuch, der niemals gelingen kann, nämlich ein
Psychogramm des Wieners zu erstellen.
An seinen Liedern sollt ihr ihn erkennen.
Auf jeden Fall ist er sehr musikalisch. Volksmusikalisch.
Die große Symphonie konsumiert nur eine Minderheit, nämlich
die Leut', die Sonntag vormittag ins »Philharmonische« gehen, die
sich Partituren auf die Knie legen, auch wenn sie gar nicht Noten
lesen können, oder die andere Gruppe: die passiven Voyeure, die
nur gesehen werden wollen.
Aber die Mehrheit braucht die schon zitierte »klane Musi«.
Das Wienerlied gehört für den Eingeborenen zu den höchsten und
erstrebenswertesten Gütern, darum ist jede, auch die skurrilste Ehrung für die Produzenten erwünscht und gerecht:

> Wer das Wienerlied erfunden,
> der gehört in Gold gebunden![62]

Über die technische Durchführbarkeit darf man sich keine ernsthaften Gedanken machen, der Texter hat sicher auch nicht nachge-
dacht, denn er schließt sein Lied:

> Hast den Lorbeer dir verdient,
> du Weanaliad, du Weana Kind!

Also wer bekommt jetzt die Auszeichnung: der Erfinder oder das
Kind?
Bei so großen ethischen Werten wird man sogar pathetisch:

> Ja, wenn der Strauß an Walzer spielt,
> da werd'n die Fusserln gleich alle wild,
> 's Bluat fangt zum Umawurln an,
> daß ma net ruhig bleiben kann![63]

Musik als wesentlicher Faktor für die Gesundheit: Stärkung des
Kreislaufs ohne Chemotherapie!
Den Sterblichen ist es das Süßeste, gemeinsam zu singen und das
Melos zu genießen. Darum nehmen weise Leute gerne die Musik
als Beigabe zu ihren Gesprächen, denn sie erzieht uns zu besseren
Menschen.
Ende des Zitates.
Quizfrage: Von wem ist dieser Spruch? Vier Vorschläge:
a) Hofmannsthal, b) Nestroy, c) Hellmesberger, d) Oscar Straus.

Jeder von ihnen hatte ähnliche Gedanken, aber der Stil wäre anders.

Es war ein griechischer Philosoph, der Wien vorausgeahnt haben muß, nämlich Plato, der – wenn man will – diese Stadt sogar existenzphilosophisch begründet hat. Er postuliert das Melos als Grundlage für heilsamen und tiefen Schlaf – und hier der Versuch einer Übesetzung der bezüglichen Stelle ins Wienerische:

Bevor der Weana schlafen geht,
muaß er a Musi hörn.[64]

Der Wiener hat wirklich eine platonische Liebe zu seinen Melodien, aber jetzt vergessen wir den Plato wieder schleunigst und halten nur fest, daß die Musik das ganze Wesen des Wieners durchdringt. Nicht der Steffel, nicht der Donauturm, nicht der Kahlenberg sind für ihn das Höchste, nein:

Weana Tanz san der höchste Spinat!

Eine zweite Eigenschaft, die fast allen Texte betonen, ist die Gemütlichkeit, und lapidar wird festgestellt:

Echte Weana tuat ma kenna
an der wahren G'müatlichkeit.[65]

Andererseits heißt es in einem Lied aus dem Jahr 1880:

Der echte, der rechte, gemütliche Sinn,
der is längst verschwunden aus Wien.[66]

Schon damals? – Aber gar ka Spur von aner Idee! Denn vom gleichen Carl Lorens stammt die Zeile:

Die Weana san immer die g'mütlichsten Leut',
mit der Hetz und der Gaude, da hams eahna Freud'
und der Schluß des Refrains gibt der Gemütlichkeit das ewige Leben:

So lang . . . man Walzer geigt vom Strauß,
so lang stirbt die Gemütlichkeit beim Weana niemals aus.[67]

Weitere tausend Textbeweise notwendig? Sicher nicht, denn die Gemütlichkeit der Wiener wird höchstens in Polizeiprotokollen bezweifelt, im wesentlichen aber steht die Gemütlichkeit außer Streit. Sie ist eine wahrhaft wienerische Eigenschaft.

Oder haben Sie schon einen gemütlichen Newyorker, Düsseldorfer oder Tokioten gesehen?

Vielleicht gibt es den einen oder den anderen, aber besungen wurde dieser Typ nur in Wien.

Die dritte überaus wienerische Eigenschaft, die der Wiener in vielen Gesängen hervorhebt, ist der Humor.
Es gibt Tausende Definitionsversuche dieses unhandlichen Begriffs. Eine der wenigen treffenden: Humor ist die Eigenschaft, die dem fehlt, der ihn zu definieren versucht.
Jedenfalls: wenn er in den Liedern vorkommt, ist er eine lebensbejahende, begehrenswerte Tugend, die ihre Verbreiter liebenswert macht und daher dem Wiener wieder einmal eine Sonderstellung einräumt:

> Ja, i kann nix dafua, es is mei echter Hamur,
> der is mir auf dera Welt liaber als Guat und Geld,
> der bringt mi in Schwung, der halt mi ewich jung.
> Herrgott, hör mir zua: Laß mir mein Hamur,
> Bis i mach die Augen zua![68])

Der Wiener macht sich gern gutmütig über andere lustig, aber sein Hamur befähigt ihn auch zur Selbstironie:

> Wenn ich mit meinem Dackel
> von Grinzing heimwärts wackel,
> dann sag'n die Leut': Das g'scheite Vieh.
> Jetzt frag ich Sie: Wen meinen die?[69])

Den tierischen Ernst lehnt er kategorisch ab. Er mag es besonders, wenn Kritik zwar ernst gemeint, aber harmlos verpackt ist. Über die Moral der einstigen Stubenmadeln heißt es:

> Ihr Liebster ist Korp'ral, erklärt sie jedesmal,
> nur weiß sie net recht g'wiß, der welche 's is.

Manchmal kommt der Humor auch mit einem Philosophenpelz verbrämt:

> Suachst an Zwiefl, findst an Knofel,
> ja, so is's auf dera Welt.
> Allaweil findst ganz was anders,
> leider nie des, was dir g'fällt![70])

Oft verbindet sich Situationshumor mit Wortwitz:

> Es war net aufg'straht
> (gemeint ist Sand bei Glatteis)

und i war ang'straht
(angestreut: ein treffender Euphemismus für den bei den Indern heiligen Zustand, der in Wien fast immer fröhlich umschrieben wird)
   da hat's mi herg'straht als wia net g'scheit.
   Is aner ang'straht, dann g'hört halt mehr g'straht,
   sonst is er herg'straht vor alle Leut!⁷¹)

Humor hat in Wien zuweilen sogar eine medizinische Funktion:

   Daß mir allweil pumperlg'sund san,
   da gehört nicht viel dazua,
   unser eiserner Hamur!⁷²)

Neben der Musik, der Gemütlichkeit und dem Humor verfügt der
Wiener über ein nicht transplantierbares, ganz besonderes Organ,
auf das er so stolz ist, daß er es in seinen Liedern immer erwähnt
haben will: gemeint ist das goldene Wienerherz.
Die Tatsache, daß er dieses Kleinod besitzt, erschüttert ihn geradezu, und er wird immer pathetisch, wenn er es besingt:

   Göttliches, goldenes Wienerherz
   du bist – i nimm's net z'ruck –
Kein Mensch erwartet, daß der Sänger zu einer Rücknahme dieser
Behauptung aufgefordert werden wird, aber der vorausschauende
Texter hat ein Reimwort gebraucht:
   Dem Herrgott sei Masterstuck!⁷³)

Dieses Lied ist mit »Andantino« überschrieben. So was gibt es sonst
bei keinem Wienerlied! Wahrscheinlich deshalb oder vielleicht
auch wegen seiner sonstigen idealen Eigenschaften ist es viel kost-
barer als der reine Materialwert:

   Von höherm Wert als Gold und Edelstein
   nennt jeder Wiener eine Zierde sein,
   er prahlt sich nicht damit vor aller Welt,
   weil stilles Wohltun ihm viel mehr gefällt.

Der Wiener ist also ein stiller Wohltäter? Aber ins Detail darf man
bei solchen Sachen nicht gehn, sonst hängt man das Image schief.
Aber niemand wird was gegen die gläubige Botschaft haben:

   Du gold'nes Wienerherz, in Not und Leid
   bringst du uns Trost und Hilfe jederzeit.

Leider ist es – das ist ein Gedanke, der jedem zum goldenen Herzen geht – ein unbedankter Schwan und wird dadurch noch edler:

Das gold'ne Wienerherz, es schlagt halt fort,
doch leider hört es oft kein Dankeswort.[74])

Das braucht es auch nicht, weil der Wiener »sich ja nicht prahlt«. Und woher hat der Wiener dieses Pretiosum? Sicher nicht durch eigene Initiative, denn es heißt:

Goldenes Wienerherz, du wurdest nicht erfunden.[75])

Der Ursprung wird in einem anderen Lied erklärt: Vier Engerl steigen vom Himmel herab und bringen jedem echten Weanakind Geschenke:

Das erste Engerl bringt dem Haserl
die Liab' zu unsrem schönen Wien.
Das zweite hat ein kleines Glaserl,
in dem ist unser Frohsinn drin.

(Gemeint ist der Hamur, paßt aber nicht in den Rhythmus.)

Das dritte bringt in einem Kisterl
ein Lied von Liebe und von Schmerz.
Das vierte legt dem Kind ins Brüsterl
das echte, goldne Wienerherz.[76])

Eine willkommene Erweiterung des Legenden- und Sagenschatzes dieser alten Stadt neben dem Stock im Eisen und dem Basilisken – glaubhaft und sauber gereimt, leider nicht literarisch verwertet. Ernsthaft gesprochen, geht aus diesen und vielen anderen Liedern hervor und deckt sich auch mit der allgemeinen Erfahrung: Der Wiener ist ein weichherziger, extrem emotionaler Typ, der den Wunsch hat, vom Gefühl angesprochen zu werden, und den sicherlich vorhandenen Intellekt eher vernachlässigt.
Ein Amerikaner fände sofort den Werbeslogan: Best heart money can buy!
Gefühl aber ist nur dann schön, wenn man es den anderen mitteilen kann; darum ist der Wiener ein geselliges, aufgeschlossenes und daher sehr kontaktfreudiges Wesen. Er wendet sich auch in seinen Liedern immer wieder an imaginäre oder reale Gefährten:

Leutln, seids net fad!

Bruada, da macht's an Eck!

Herr Doktor, erinnern Sie sich noch?

Herr Wirt, heut muaßt d' aufschreib'n!

In dem Moment, in dem die Verbindung mit anderen hergestellt ist, fühlt er sich auch schon als Freund, als Berater, er wird überlegen und väterlich. Beim Heurigen ist es durchaus üblich, daß ein junger Mann seinen silberhaarigen Tischnachbarn mit »Kinderl« anredet. (Wenn der angestrudelte Senior wirklich reif und weise ist, freut er sich darüber.) Zur Unterfütterung dieser leichtfertigen Behauptung ein paar Textzeilen:

Kinder, wie die Zeit vergeht . . .

Kinder, schauts beim Fenster raus,

Kinder, so jung komm'ma nimmermehr z'samm!

Kinder, weg'n mir brauchts ka Trauerg'wand!

Dieser seelischen Haltung entspricht sein Hang zur Versorgung seiner Schar zumindest mit Trinkproviant. Beim Heurigen hat er · immer die Spendierunterhose an, weil er kennt ja kan Neid und:

Das is die Wiener Spezialität,
daß man als Wiener net untergeht,
unser Sinn ist *zu* leicht – san ma froh –,
kummt a Erdbeb'n, dann kummt's sowieso!<sup>77</sup>)

Das Sich-selber-Belügen ist eine zutiefst menschliche Eigenschaft, aber die Intensität, mit der sich der Wiener eine heile Umwelt, ein durch Weingenuß entschlacktes Universum vorgaukelt, ist nur durch ein Übermaß an archetypischem Leichtsinn zu begründen, und dieser Leichtsinn wird durch den Geburtsort entschuldigt: Weil i bin halt (Pfiff) an echt's Weana Kind!
Die Geselligkeit des Wieners hat auch eine leicht schattige Seite: er übernimmt nur sehr ungern die Verantwortung für jemanden und schon gar nicht für etwas.
Er kann für fast nichts was dafua, er steht net gern grad für irgendwas Wichtiges, und er sagt nix, er hat ja nur gemeint:

I bin halt a Weana, i kann nix dafua . . .

Was kann denn i dafür, daß i a Weana bin?

Auf die Frage weiß er sogar eine Antwort:

Daß des a Erbstück is vom Vattern, is ma klar,
weil er wie ich ein echter Wiener war!

Wenn gegen ihn ein Vorwurf erhoben wird, hat er sofort wen bei der Hand, an den er die Beschuldigung weiterreicht. Zum Beispiel an seinem Vater, weil der war a Hausherr, oder an die Freunderln, die Spezi, weil: de ham mi wieder einmal vazaht.

Er hat nicht einmal die schönen Maderln erfunden und ist nicht schuld an gewissen Stunden, er leugnet sogar die eigenen Heurigenbesuche und behauptet:

> I muaß an Doppelgänger hab'n, der was an Wein trinkt
> und der ihn obendrein am liebsten noch zu zwein trinkt,
> denn jener B'soffene in Grinzing mit an Pupperl auf dem Knie,
> des war net i – des war *net* i![78])

Er unterliegt weit mehr als andere Menschen dem Gesetz der Trägheit und ist ein Meister im Delegieren, obwohl er keine Führungspersönlichkeit sein will.

Daß er in den verschiedensten Arten die Schrammeln, die Musikantendiener, auffordert, für ihn was zu spielen – nun gut, er ist ja kein Berufsmusiker; daß er den Wirt in zahllosen Varianten veranlaßt, noch und noch ein Vierterl auf den Tisch zu stellen – sicherlich, das kommt mutatis mutandis in allen Trinkliedern vor; aber daß er nicht einmal selbst die eigene Bekleidung veräußert, sondern andere damit beauftragt:

> Verkaufts mei G'wand, i fahr in Himmel,

daß er von wildfremden Menschen verlangt, seine Pferde zu versorgen:

> Stellts meine Roß in'n Stall!

und daß er sich für den Heimweg aus Grinzing einen Dienstmann engagiert – das sind nicht nur willkürlich herausgesuchte, sondern symptomatische Textstellen, die eine übergroße Bequemlichkeit glaubhaft machen.

Diese Bequemlichkeit korreliert mit einer gesunden Beschränkung des Arbeitseifers. Eigenschaftswörter wie »fleißig, beharrlich, ausdauernd, strebsam, energisch« und ähnliche wird man in Wienerliedern selten finden.

Eigenartig: der Wiener hat gar nichts dagegen, wenn man ihm gemäßigtes Dolcefarniente vorhält, er singt sogar gerne mit, wenn es heißt:

> Nur mit der Arbeit, da hab'n wir kein Glück.
> Wir hab'n fürs Langsamgehn an größern Chic!

Armin Berg hat die Wiener der Zwischenkriegszeit mit seinen Couplets zum Lachen gebracht, und seine Vortragsstücke wurden richtig populär: das Lied vom Maurer, der den Stein nimmt – »es ist noch immer derselbe« – und vor allem sein »Überzieher« werden immer noch aufgewärmt und gesungen. Dabei schrieb diese Texte der Berliner Otto Reuter.

Ein anderes Couplet, das man auch heute immer wieder hört, obwohl es wahrhaft unaktuell geworden ist, betitelt sich »Die Arbeit in Wien« und stammt von echten Wienern.[79])

Problemstellung: Wie viele Tage im Jahr arbeitet der Wiener? Da er »nur« acht Stunden täglich barabern muß – wo san de Zeiten? Der Text stammt aus dem Jahre 1925 – also ein Drittel des Tages, bleiben zwei Drittel, nämlich 122 Tage arbeitsfrei. Davon sind 52 Sonntage plus 26 Halbtage abzuziehen, also bleiben 44 Tage über. Dann heißt es:

Zwölf christliche Feiertage zu halten ist uralter Brauch,
und die neun jüdischen hält man doch auch.

Dann wird noch Urlaubszeit und Krankenstand in Abzug gebracht, so daß verblüffenderweise ein einziger Tag zum Arbeiten übrigbleibt:

Und dieser Tag, auf den ich mich so freu,
der fällt aus Bestemm – auf den ersten Mai!

Die Wiener, die gemeint, aber nicht beleidigt sind, applaudieren. Andererseits: Wirklich faul sind die Wiener nicht. Sie haben schon immer die gleitende Arbeitszeit für sich beansprucht und stellen Schwerarbeit lieber komödiantisch dar, als sie wirklich auszuführen. Die Qualität der Darstellung übertrifft bisweilen die der geleisteten Arbeit.

Belege für besondere Leistungsfreude finden sich in den Liedern nur sehr spärlich.

Um so öfter kann man aus seinen Gesängen herauslesen, daß er ganz selten ein ausgeglichenes Gemüt aufweist, denn er ist entweder manisch oder depressiv: amol ob'n, amol unt' – amol Leid, amol Freud.[80])

Zwei Seelen, besser gesagt zwei Phasen wohnen in seiner Brust und tun abwechselnd Dienst, damit sich immer eine ausrasten kann. In der überwiegenden Mehrheit seiner Texte ist er glücklich, daß er ein Wiener ist, er ist stolz auf seine Laster und singt:

I bin ein alter riegelsamer, striegelsamer Göldvadeana,
dazua ein echter Weana,
a Tag- und Nachtschwärmer.
I bin an alter Drahrer,

Verzupfer und Verzahrer,
jedoch der beste Mensch von Wien:
Jetzt wissen S', wer i bin.[81])

Merke: *jeder* Wiener ist der beste Mensch von Wien. Und ausgerechnet in Wien erfand Alfred Adler den Minderwertigkeitskomplex!

Der Wiener ist bis zur Verkalkung konservativ – trotzdem betont er immer wieder, daß er für den Fortschritt ist; nur dauert er ihm schon zu lang und gehört abgeschafft. Innovationen nimmt er erst zur Kenntnis, wenn sie ihre Kinderkrankheiten im Ausland absolviert haben und gebraucht und geimpft ohne Risiko importiert werden. Das alles in der positiven, manischen Phase.
Aber dann – urplötzlich und anscheinend grundlos – schwenkt er um, macht eine seelische Kehrtwendung und lebt nur noch dem Nihilismus, dem Weltschmerz und dem aktiven und passiven Bedauern.
Er will Lieder singen und hören, die seine Tränendrüse aktivieren:

Für mi lacht ka Sternderl vom Himmel,
vom Schicksal bin i auserwählt...
Auf dieses boshafte Schicksal hat er einen hilflosen Grant, den er seiner Mutter aufbürdet, weil er doch bekanntlich nie an etwas schuld ist:
Mi hat halt mei Muatterl zum Unglück gebor'n...
In solchen Stimmungen borgt er sich vom Burgtheater eine kleine Portion Pathos aus und schließt:
I hab gar ka Glück auf der Welt![82])

Für diese Gelegenheiten haben die Texter die bekannten »zweiten Strophen« verfaßt, in denen unsagbar Trauriges geschildert wird:

Vor an Wirtshaus steht ein armes Kind.
Draußt liegt der Schnee, und eisig geht der Wind.
's Kinderl tritt verzagt ins Wirtshaus 'nein
und sagt zur Wirtin: Tan S' barmherzig sein!
Sehn S' mei Jackerl, 's is das letzte,
i geb's als Pfand für d'Muatter her.
Bitt um a Schalerl warme Suppen,
unsre Not is gar so schwer.[83])

Der Zuhörer leidet einerseits mit, andererseits genießt er es doppelt, daß die warme Stelzn, die vor ihm auf dem Teller liegt, so gut

zubereitet ist. Wenn jetzt so ein Mäderl käm', er würde sofort eine dicke Schnitte heruntersäbeln für die Mutter und sogar ein Schluk-kerl Wein mitschicken, meiner Seel und God – das wär' er nach der Schilderung sofort imstand! Denn er hat ja das edelmetallene Herz und vor allem: das Mäderl kommt ja nicht!
Noch lieber ist ihm allerdings, wenn die traurige Strophe sogar gut ausgeht:

's red't auf der Gassen recht ein armer Mann
an andern stad um ein Almosen an.
Der schaut ihn an und sagt: Mei liaber Herr,
zwa Sechserln hab i – und kan Kreuzer mehr.
Da hab'n S' des ane, 's is die Halbscheid grad,
damit a jeder 's gleiche Nachtmahl hat.
Vielleicht geht's morgen mir wie Ihnen so,
aber ehrlich teilt hab i halt do!

Den Refrain kann man fast erraten: Des hat ka Goethe g'schrieb'n . . .
Na, was sagts ihr, Freunde: ist das nicht ein herrlicher Charakter?
Aber wir brauchen ihn nicht zu beneiden, weil so san wir alle, wir echten Weana – und zwar ohne Ausnahme!


So haben wir denn aus inhaltsschweren Wiener Texten glasklar herausgelesen, daß der Wiener für Musik und Humor ein goldenes Herz hat, daß er gesellig, aber nicht entscheidungsfreudig ist, daß er sich gerne selbst belügt und daß er fast zugleich himmelhoch jauchzen und zu Tode betrübt sein kann.
Das ist ein Psychogramm, das manche wissenschaftliche Untersuchungen an Treffsicherheit bei weitem übertrifft.
Zugegeben: man könnte andererseits auch die entgegengesetzten Eigenschaften auf die gleiche Art beweisen, denn es gibt ja so viele Texte, daß man überhaupt alles herauslesen kann, aber das soll bei Bedarf jeder für sich alleine tun.
Denn Pauschalurteile sind fast so gefährlich wie psychiatrische Gutachten.
Damit schließt sich der dürftige Gedankenbogen, und wir kommen zu einem speziell für Wien sehr wichtigen Thema.

## Wann i amal stirb

Wer sein irdisches Leben vollendet hat, bekommt in Wien das Epitheton ornans »selig«. Das ist aber keine heimische Erfindung, das haben wir schon in der römischen Geschichte gelernt: Wer im alten Rom für seine Freunde nur noch Erinnerung war, von dem sprach man als einem *defunctus*, also von einem, der alles erledigt, überstanden und überwunden hat, und setzte dazu: *beatae memoriae* – also seligen Angedenkens. Das gilt für die meisten indogermanischen Sprachen, und sogar im Ungarischen heißt *boldog* selig, glücklich und *boldogult* verstorben. Wenn ein Dichter ein Reimwort aus schmählich, alimählich oder unausstehlich braucht oder einen freundlich-offenen Vokal für einen Tenor sucht, dann kann auch ein lebender Weintrinker selig ins Glaserl schauen. Das Wort hat also oft sehr profanen Charakter. Aber in den alten Volksweisen – »Mei Vater selig hat no Mierschaumpfeifen graukt« – kommt das Wort selig nur für die auf dem Friedhof zu Besuchenden vor. Der Tod kommt in Wienerliedern unverhältnismäßig öfter vor als in Gesängen anderer Großansiedlungen. Das ist wahrscheinlich der Grund dafür, daß gewisse Verfasser von Aufsätzen über die Affinität der Wiener geringelten Seele zum Infiniten, zum Unendlichen geradezu zwanghaft irgendwann mit hochgehobenem Zeigefinger auf die »Todessehnsucht« des Wieners hinweisen müssen. Dabei hat tatsächlich ein großer, aber freudloser Wiener diesen Begriff vorgedacht, aber der gesunde Normalbürger wird den Zeigefinger zurückweisen und behaupten, daß Sigmund Freud sich nie mit Wienerliedern beschäftigt hat und daß beim Betrachten von Liedertexten auf psychologisches Fach-Chinesisch gehustet wird.

Der Wiener als Type hat überhaupt keinen Gusto nach den dunklen Gefilden, aus denen der ihm durch Musikalität verwandte Orpheus unbedingt entfliehen wollte, wohl aber könnte man behaupten, daß er den Tod weniger als andere fürchtet, erstens, weil er durch seine Lieder besser vorbereitet ist, und zweitens, weil er zutiefst daran glaubt, daß mindestens eine seiner zwei Seelen unsterblich ist und nach dem Übersiedeln in die Transzendenz noch viel Schönes erleben oder ersterben wird.

Ein Ganzg'scheiter kommt jetzt womöglich noch einmal mit der Selbstmordrate daher, die in Wien angeblich höher ist als anderswo. So ein Pietzler verdirbt uns nur die Stimmung und bekommt Weiterleseverbot.

So – und jetzt singen wir zuerst einmal:

Wir haben sonst ka Begehren
als wia an Walzer zu hören,
so an runden, reschen, feschen,
nachher sterben wir recht gern.

Zwischen Todessehnsucht und gern sterben ist ein Riesenunter-
schied. Wer die Todessehnsucht ernst nimmt, kann hier nicht mehr
ernstgenommen und schon gar nicht als Begleiter von Wiener Texten mitgenommen werden.

Wann i amal stirb, stirb, stirb,
müassen mi d'Fiaker trag'n
und dabei Zithern schlag'n,
weil i des liab, liab, liab,
spielts an Tanz laut und hell:
Allweil fidel!

So is recht: allweil fidel. Das ist auch der Untertitel.
Während einer Quelle zu entnehmen ist, das Lied sei ein Thema
aus dem Walzer »Flattergeister« von Joseph Strauß, wird in einer
Grazer Dissertation behauptet, daß es sich bei der Melodie um ein
steirisches Volkslied handelt. Warum auch nicht, wir wissen ja, daß
viele unserer Volksweisen in unserer Nachbarschaft entstanden
sind und später zu Wienerliedern befördert wurden. Der Wiener
hat keine Federn, sich fremde Federn einzusetzen.
Aber eine kleine Bemerkung zum Wiener Text, für den der Volkssänger Carl Rieder zeichnet:
Man versuche, sich den geschilderten Vorgang plastisch vorzustel-
len: Die den Sarg befördernden Nobelkutscher müssen fahrbar ge-
machte Zithern vor sich herschieben und einhändig bedienen, denn
mit der anderen Schulter tragen sie ja den singenden Dahingeschie-
denen. Die Fiaker, von denen noch die Rede sein wird, wollen sogar in schneller Gangart zu ihrer Ruhestätte gelangen, denn in der
dritten Strophe des berühmten Fiakerliedes heißt es wörtlich:

I bitt ma's aus, nur net im Schritt,
nehmts meinetweg'n die Kreuzung mit!

Die Amtshandlung auf der mitgenommenen Kreuzung würde die
Zeitersparnis durch die schnelle Gangart wieder aufheben, aber wir
wollen ja nicht auf Einzelheiten eingehen.
Der Wiener lebt gern, und der Tod ist nichts Endgültiges:

Amol macht's an Plumpser und aus is,
weil herunt' doch ka Mensch ganz zu Haus ist.

Das Leben ist nur eine Durchgangsstation:
a bisserl bleibst da – dann fahrst wieder davon.
Als Durchgangsstation erhofft er sich die Heimatstadt:
In Wien bin i, da bleib i und da möcht i sterb'n!
Er hat auch bezüglich der Modalitäten Sonderwünsche:
I lieg in mein Trücherl (also in einer Truhe, seinem Bett),
vorbei is mei Zeit,
dann schnarch i mi übri (hinüber)
in d'Ewigkeit.[84])

Diesen Wunsch hat wohl jeder Mensch, aber die andern können
ihn nicht so gemütlich formulieren.

Wenn der Tod in der deutschen Literatur personifiziert werden
soll, zeigt er sich als Megäre mit Fledermausflügeln, als apokalypti-
scher Reiter oder als cremefarbiges Skelett mit einer Sense. Daher
auch die norddeutsche Redensart: Nu is's Sense.
In Wien wird er praktisch überhaupt nicht dargestellt, und das ist
schon einmal sehr tröstlich und taktvoll: Wir wollen nicht wissen,
wer uns von der Erde holt, wir wollen uns lieber »teppert sterb'n
lass'n«.
Wenn er kommt, ist er freundlich, erscheint nur »mit Verlaub« und
zupft uns vorsichtig am Ärmel: Brüaderl, kumm![85])
Wenn wir ihn unbedingt benennen müssen, dann durch fast hu-
morvolle Euphemismen, die ihn mit einem sympathischen Weich-
zeichner versehen: Er ist für uns der Gankerl, der Spirifankerl, er
wird manchmal Quiqui oder sogar Wuwu gerufen, aber nie mit seinem richtigen Namen apostrophiert.
Diese Regel können wir mit einer Ausnahme bestätigen. In einem
1811 gedichteten Kometenlied heißt es:

Du, grausamer Tod, kommst von selbst und raufst mich
dahin ...
Ob das wohl bewußt geschrieben wurde: raufst statt raffst?
Verschone uns länger, das Leben ist süß!
Der Dichter bittet also um Aufschub und hat eine überaus wieneri-
sche Begründung für sein Gesuch:
Und hol mi erst oh, bis ka Weinl mehr is.

Das klingt so wie ein listiger Pakt mit dem Teufel, der erkennen
muß, daß dieser Sankt-Nimmerleins-Tag in Wien niemals erlebt
werden kann, denn man kann als aktenkundig voraussetzen, daß
der Wein in Wien alle Menschen überleben wird. Beweis:

Es wird a Wein sein
und wir werd'n nimmer sein.[86])

Hier darf interpoliert werden, daß dieses heute noch unglaublich
populäre Lied nach seinem Erscheinen kaum bekannt wurde. Erst
als man einen Film über den Untergang der »Titanic« drehte und
als Willi Forst mit diesem Werk vor dem nassen Tod alle Kinogän-
ger zutiefst ergriff, wurde es so wichtig, daß sich sogar die Kaffee-
hausdichter literarisch damit beschäftigten.
Der Wein wurde vom Lebenssaft zum Überlebenssaft:
Der Glaube an ein Leben nach dem Ableben wird systematisch un-
termauert: es gibt ja eine Seelenwanderung, und seit Hans Mosers
Zeiten singt jeder Wiener gern:

I muaß im frühern Leben eine Reblaus g'wesen sein,
sonst wär' die Sehnsucht nicht so groß nach einem Wein.[87])

Nur durch diese Theorie läßt sich der groteske Gedanke erklären,
daß man den Wein nicht trinken, sondern wie die Phylloxera va-
statrix beißen muß. Aber ein noch viel größerer Trost resultiert aus
dem Analogieschluß: Wenn es ein Leben vor dem Tod gibt, dann
doch erst recht eines nachher.
Manchmal glaubt er sogar an eine Wiederauferstehung:

A Mann, der hat a Weiberl g'habt, a Bißgurn, net zum Sag'n,
den ganzen Tag hat s' keppelt, und auf d'Nacht, da hat s' eahm
                                                   g'schlag'n.
Dann endlich is sie roglert wurn, im G'sicht war s' dunkelrot,
a wengerl hat s' no keppelt, aber bald darauf war s' tot.
Wia s' am Friedhof beten tan: Herr, die Erde werd' ihr leicht,
sagt der Mann zum Totengraber: Is die Gruabn a net zu seicht?
Na, wia tiaf soll i s' denn machen? fragt der Totengraber drauf.
Bis zum Mittelpunkt der Erde, sunst steht d'Bißgurn nomal
                                                   auf.[88])

Es gibt also ein freundschaftliches Nahverhältnis zum Thanatos,
zum Gankerl, es gibt viele Gedankengänge, durch die ein Ariadne-
faden zum nächsten Leben führt, aber der tröstliche Gedanke ist
wohl der, daß ihm nach seinem physischen Auslöschen einer seiner
größten Wünsche erfüllt werden wird.
Er sieht sich selbst ja – wie eben zitiert – als den »besten Menschen
von Wien«, und der muß doch geehrt werden. Seine Verdienste
müssen aufgezählt und sein Ruhm muß verewigt werden. Daher
will er nach dem vielleicht unangenehmen Moment, in dem er die

Patschen ausstreckt, die Erdäpfel von unten anschaut oder sich den Holzpyjama anziehen läßt, ein in jedem Sinne teurer Verstorbener werden und – das eben ist der größte Wunsch – eine schöne Leich' haben.

Besonders Bescheidene geben zwar vor, den Prunk dieser Zeremonie nicht unbedingt zu verlangen, und singen bei Lebzeiten:

I brauch kan Kranz ...

Auf der Schleife muß etwas sehr Liebes, Rühmendes, Ehrendes stehen, denn sie wird so hingelegt, daß jeder Teilnehmer was Interessantes zum Lesen hat. Weiter im Text:

I brauch kan Pflanz,

Das allerdings ist nur sehr durchsichtig verhüllte Ungenauigkeit. Gerade auf den Pflanz, auf das Zeremoniale, das Drumherum wird in Wien besonderer Wet gelegt, dafür ist auch immer Geld vorhanden.

I brauch ka schöne Leich' –

Stimmt auch nicht. Die schöne Leich' ist ein Lebensziel. Weiter geht es:

Statt fufzehn Kerzen stellts mir hin
a guates Flascherl Wein ...

Trotz eingehender Recherchen war es nicht möglich, die Symbolik der Zahl fünfzehn zu erklären.

Dann spielts a Weanaliad, zum Beispiel:
Erscht wann's aus wird sein!

Das ist nur ein Vorschlag. Noch besser ist das jeweilige Lieblingslied des werten Verblichenen.

Und wann i dann beim zweiten Takt net applaudier,

Hier manifestiert sich die Angst vor dem Lebendig-begraben-Werden.

Dann hauts den Deckel zua – weil dann is aus mit mir![89])

Obwohl dieses Werk von jedermann gekannt und gesungen wird, ist es ein ausgesprochenes Minoritätenmotto – keiner wird ernsthaft auf die Feier verzichten.

Diese Feier beginnt eigentlich schon beim Erhalt der »Parte«, die anderswo Todesanzeige heißt: Längst hat es sich im Bekanntenkreis des Herrn Franz Huber herumgesprochen, daß er seine Existenzform geändert hat. Nun entsteht eine nagende Spannung bei allen denen, die sein Leben begleitet haben: Wird er die richtigen Leut' zu seinem letzten Gang einladen, der geschätzte Dahingeschiedene?

Wenn dann ein wohlmeinender Bekannter keine Parte mit genauen Angaben über Ort und Zeit der Bestattung bekommt, sagt er zutiefst verletzt an seinem Stammtisch: »Na – des hädama ned antuan derfen, der Fraunz, daß er mi net einladt – des trag i eahm nach. Des wird eahm no lad tuan!«

Auf die Idee, daß nicht der Franz, sondern seine Hinterbliebenen die Adressen ausgesucht haben, kommt er nicht. Die Parte ist doch eine Botschaft vom Fraunz und von keinem andern!

Aber schnell ist der Ärger verschluckt und vergessen, denn nun kommt das schöne, würdige Ereignis, das für die Beteiligten kaum Anlaß zum Trauern, wohl aber zum Feiern ist.

Wunderschöne Reden werden gehalten.

Bei Regen sind sie gehaltvoll und kurz, bei Sonnenschein kann die Dauer ausarten. Der kürzeste Abschied wurde vom Pepi-Onkel zelebriert, weil er seinen Zettel nicht finden konnte. Er klopfte dreimal auf den Sarg und sagte: »Toi, toi, toi für drüben!«

Der Trauerzug erreicht gemessenen Schritts die Grabstelle, und jetzt wird dem Vorausgegangenen ein Schäuferl Erde nachgeworfen. Der diensttuende Schäuferlreicher streift jeden der defilierenden Beteiligten mit einem schmattesbeschwörenden Tränenblick. Den nächsten Verwandten drückt man die Hand, sagt: »Män Bäläd!« und begibt sich unmittelbar darauf ins nächste Wirtshaus oder in ein Heurigenlokal.

Es ist sicher eine interessante Tatsache, daß sich in der Nähe der meisten Wiener Friedhöfe Buschenschenken oder wenigstens gut geführte Wirtshäuser finden lassen, und in diesen beginnt dann die fröhliche Nachfeier: Man feiert das Wiedersehn mit Familienmitgliedern – in normalen Zeiten kommt ma ja zu gar nix, gelt? –, man feiert die Verdienste vom Fraunz und hängt ihm schnell noch ein paar Klampfeln an – ein Hallodri war er schon, der Fraunz, gelns? –, man feiert die Gelegenheit des Feierndürfens, man tachiniert ohne Schuldgefühle, und man feiert den Anlaß, dunkle, sonntägliche Bekleidung auch am Wochentag zu tragen, weil – ma waaß ja, was si g'hört, gelns?

Zu jedem Friedhof gehört ein bestimmtes Lokal für Leichenschmausfeierlichkeiten: Hodina berichtet von der »Blauen Nos'n« in Ottakring, Chiavacci vom »Grabschmückerbeisl«, leider gibt es keine Lieder zu dieser Thematik. Aber vor den großen Toren des Zentralfriedhofs, der bekanntlich fast so groß wie Zürich, aber ein bißchen lustiger ist, finden sich nicht weniger als sechs diesbezügliche Wirtshäuser. Die müssen noch besungen werden.

Zwar hat der Ehemalige zu Lebzeiten selig gesungen:

Kinder, weg'n mir brauchts ka Trauerg'wand[90])
– hat nicht einmal einen schwarzen Bandstreifen wollen –
und auch kan Flor auf'm Huat!
Und dann heißt es:
Er war mit'm Drahn immer fesch beinand,
hat er gesungen und gefolgert:
Drum schlaf i sicher recht guat!

Das bemerkenswerte an diesem Text ist der Schluß: Der Ehemalige wünscht, daß man die Bleamerln auf seinem Grab an seinem Geburtstag mit heurigem Wein begießen möge. Dazu fiel einem Komiker ein nicht sehr appetitlicher, aber viel belachter Kommentar ein: »Des mach i – des mach i bestimmt. Und wenn ich den Wein vorher über meine Nierndln rinnen laß!«
Die zweite Vorstrophe dieses Liedes beginnt:

Wenn ich mir vorstell, es is amol aus,
sechs schwarze Lackeln, die schleppen mi raus.

Diese sechs makabren Figuren sind die Leichenträger, die in Wien Pomfineberer heißen.
Seltsamerweise ist es erst gegen Ende des vorigen Jahrhunderts und ausgerechnet einem französischen Unternehmen gelungen, einigermaßen Ordnung und System in das Wiener Friedhofswesen zu bringen.
Die »Entreprises des pompes funèbres«, wörtlich: Unternehmen für Beerdigungsprunk, vor allem die Dienstkleidung ihrer Sargträger, wurden binnen kurzem so populär, daß ihre völlig ausländische Benennung schnell in den Dialekt integriert wurde. Bald entstand das erste Lied über sie; aber da sich auf Pomfineberer kaum etwas reimt außer Scheberer, heißt es dort auf gut wienerisch: Zwa von der Pietät.
Ihre Kopfbedeckung gleicht einem französischen Generalshut, den sie, um neunzig Grad verdreht, mit edlem Stolz dem Gefolge vorführen; ihr Gang ist wiegend, aber kraftvoll und würdig, und das ist im Text bestätigt:

Is eine Leich', da tun voran wir schreiten,
wie wir marschiern, des hat an eignen Schan,
das wird gewiß kein Sterblicher bestreiten,
das können wir nur ganz bestimmt allan.

Dann ein weiteres Indiz dafür, daß der Tod in Wien weniger ernstgenommen wird als woanders:
Den Haupteffekt tun wir stets machen,

wenn wir schön blasen tun bei einer Leich',
weil wenn wir kommen, dann tun alle lachen,
und es werd'n mindestens fünf Rösser scheuch.[91])

Nur bei uns liegen der dumme Scherz und die Ewigkeit so nahe beisammen. Jeder anderswo geborene Durchschnittsbürger erschauert, wenn von den letzten Dingen die Rede ist, der Wiener hingegen findet sie vertraut und besingt sie sogar. Überhaupt hat der, die, das Letzte eine eigenartige Faszination für ihn. Begriffe, hinter denen nichts mehr kommt, machen den Wiener so schön melancholisch.

Sag beim Abschied leise »Servus« –
gibt es auch kein Wiedersehn,
einmal war es doch schön![92])

Es ist also kein Zufall, wenn in so vielen Liedern das Letzte eine große Rolle spielt. Das letzte Glaserl Wein weint der letzten Straßenbahn, dem letzten süaßen Schrammeltanz nach, und als neue Variante findet es am Schluß einen neuen Ausdruck, nämlich die letzte Wiener Luft, und auch ihr weint das arme Glaserl nach.[93])
Den letzten Tanz sollen die Schrammeln spüln, aber auch das wird nicht mehr möglich sein, wenn »amol die letzten Schrammeln im Museum werden sein«[94]) – der letzte Werkelmann, der letzte Drahanek, kommt ebenso dran wie der letzte Kren und das letzte Glöckerl.
Wenn die letzten Schwalben über die Wienerstadt ziehn, want a altes Muatterl um ihren Sohn, der in der Fremde weilt. Der Zusammenhang zwischen Mutter, Sohn und Schwalben wird nicht geklärt.
Und was ist die letzte Liebschaft, die einen Wiener so sehr beglückt?

Er braucht auf die Geliebte niemals lang zu warten,
zu jeder Stunde kann er mit ihr glücklich sein:
in einem Nischerl an an'm Tischerl in an'm Garten –
die letzte Liebschaft hat der Wiener mit dem Wein.[95])

In keinem der zitierten Texte (es gibt noch viel mehr »Letzt«-Lieder) findet sich ein Bezug und schon gar nicht eine Begründung für das Ende einer Reihe. Der Verdacht, daß dieses Eigenschaftswort zu einer sinnentleerten Routinebezeichnung geworden ist, liegt nahe.

Gibt es ein Leben nach dem Tod?

Wo finden wir eine Antwort auf diese Frage, die jeden angeht, die jeder sich immer wieder stellt?

Ganz einfach: im folgenden Kapitel.

Aber wohlgemerkt: *Nur* für die vom lieben Herrgott privilegierten Wiener!

# Der Herrgott muß ein Wiener sein!

Der Herrgottsbegriff des Wieners hat, soweit er in seinen Liedern
vorkommt, nur äußerst marginal etwas mit religiöser Ehrfurcht zu
tun.
Er liebt seinen Herrgott, der für ihn ein Deus sui generis ist, er verehrt ihn sogar, weil er ihm berühmt und prominent erscheint; aber
er sieht ihn als überaus menschliches Wesen, als Mäzen, als Be-
schwichtigungshofrat und vor allem als Instanz, die bei Gewissens-
bissen immer nur Freisprüche fällt.
Sein Herrgott bietet ihm immer wieder die Möglichkeit, sich von
Schuldgefühlen zu befreien, und kann für alles als Entscheidungs-
hilfe herangezogen werden. Sein Herrgott ist die große, globale
Ausrede für alles, was mißlingt:

Wenn der Herrgott net will, nutzt das gar nix.
Nach diesem Motto gelingt es ihm, mit den himmlischen Mächten
einen ewigen Bund zum eigenen Vorteil zu flechten:
Was nutzt alles Denken, es gibt nur den Schluß:
Es kommt schließlich alles, wie kommen es muß.[80])
Die Vorstrophe propagiert sogar die von ihm so geschätzte Ent-
schlußlosigkeit:
Das Leben hat mir eine Lehre geschenkt:
Es kommt immer anders, als man es sich denkt,
drum soll man nicht sagen: Ich muß und ich will!
Der Herrgott entscheidet, und du halte still.

Er redet ihn auch ohne irgendwelche Floskeln, ohne Pluralis maje-
statis, man könnte fast sagen »demokratisch« an: »Herrgott aus
Sta'« – ja, sogar familiär: »Du guater Himmelvoder...«
Aber da klingt kein bißchen Blasphemie durch, er weiß um den Abstand und wahrt das Decorum.
In dem sehr bekannten Galitziberglied – dieser Bergname erinnert
uns daran, daß einst russische Fürsten nach Wien kamen und so
viel Geld mitbrachten, daß sie sich einen eigenen Berg halten konnten –, also in diesem Couplet vertraut ein junges Liebespaar darauf,
daß der »Herr da drob'n« ihre Kinder schon ernähren wird, wenn
sie erst einmal da sind.

Ach, Berta, ich bin doch ein Christ
und du von dem Glauben auch bist.
Drum wend' ma uns drob'n an den Herrn,
der wird unsre Kinder ernährn!

Aber gegen diese Zumutung wehrt sich der Herr da drob'n, nämlich der über den beiden Verliebten auf einem Baum postierte Sänger, äußerst heftig:

> Drauf schrei i glei abe vom Bam:
> Bagaschi, gehts no net bald ham?
> Wann i abikumm, zag i enk den Herrn,
> der wird eure Kinder ernährn![96])

Woanders würde so etwas als Gotteslästerung empfunden werden. In der Kaiserstadt aber darf man mit allen Sorgen, auch den trivialsten, vor den Herrgott treten. Freilich nur als Einheimischer, denn in dem Lied »Wenn der Steffl wieder wird, so wie er war« heißt es ausdrücklich:

> Aber Wien hat doch beim Herrgott Protektion![97])

Es ist ja – wie schon erwähnt – »dem Herrgott sei' Masterstuck«! Ein anderes Lied schafft zwar unklare Rechtsverhältnisse, bestätigt aber die engen Bindungen:

> Wien is a Sternderl vom Himmel,
> das uns der Herrgott vermacht.

Die Stadt ist also ein Legat, ein Erbstück, das aber nie zum Eigentum der Bedachten werden kann, weil der Erblasser unsterblich ist. Es ist daher fraglich, ob man die folgenden Zeilen als Erbschleicherei verurteilen kann. Der Verdacht liegt trotzdem nahe, denn sie sind so pathetisch und verwenden sogar den völlig ungewohnten Konjunktiv, daß unlautere Motive nahelägen:

> Jubelnd tön' (tatsächlich: es töne – so g'schwollen redet doch kein normaler Wiener – da muß er doch was wollen!)
> Jubelnd tön' vom Kahlenberge
> ein Lied unserm Wien hell und rein:
> Du bist ein Sternderl vom Himmel,
> das nur vom Herrgott kann sein.[98])

In dem Fall will er nur »anstrudeln«, will ein Theater machen. Den weit über Gebühr strapazierten Herrgott sehen die Wiener nämlich auch als Theaterdirektor und begründen diese Metapher sorgfältig:

> Die Welt ist ein Komödienhaus, und der, der sie gebaut,
> aus seiner Wolkenloge heraus auf uns herniederschaut.
> Er hat ja nur zu einem Ziel uns alle engagiert,
> er ist's, der nach gelung'nem Spiel uns allen applaudiert.

Er ist's, der alle gleich uns liebt – so macht's der Herrgott halt,
der diesseits uns nur Vorschuß gibt, die Gage im Jenseits
zahlt.[99])

Ist doch schon wieder ein Grund mehr, sich nach der schönen
Leich' auf etwas zu freuen.
Nach einer »klassen Heurigenpartie« – so beginnt die Vorstrophe
des nächsten zum Thema weisenden Liedes – könnte man ein bisserl ein schlechtes Gewissen haben, vor allem, wenn man um sechs
Uhr früh erst auf dem Heimweg ist. Aber bitte, keine Gewissens-
bisse, denn:

Schau, der Himmelvater, der vergißt di net,
und so an klan Strawanzer, na, den frißt er net.
Er laßt dich sicherlich ganz still und fein
bei einer Hintertür in'n Himmel rein![100])

Ja, er muß einen bummvollen Terminkalender haben: für jedes Engerl, das nach Wien kommt, muß er einen Urlaubsschein unter-
schreiben, er muß die goldenen Reben wachsen lassen, er muß
Briefe beantworten – und vor allem muß er in seiner Freizeit Dau-
men halten:

Bitt ma den Herrgott: Halt uns die Dam,
dann fall'n die Apferln net weit vom Bam![13])

Dann muß er doch noch die vielen Hintertürln auf- und zuma-
chen, so daß anzunehmen ist, daß ER schon lange eine himmlische
Hofkanzlei eingerichtet hat, in der eine ganze Masse Dienst-
engerln herumschwirren, und in der Flugzentrale sitzt der Petrus
als Adlatus und freut sich, daß auch er in mindestens zwanzig Wienerliedern vorkommt.


Trotz all der vielen Lieder, die für den Himmel werben – obwohl
die Voraussetzungen für die ewige Seligkeit geradezu sträflich ver-
heimlicht werden –, hat es der Wiener offenbar gar nicht so eilig,
vor SEINEN Thron zu treten, weil er sich lieber von der Stimmung als von Dogmen leiten läßt.

Du guada Himmelvoda – i brauch ka Paradies,
i bleib viel liaba doda,
weil mei Wean für mi 's Himmelreich is.[101])

Diesem Lied verdanken wir eine interessante Ergänzung zum Alten Testament und können die Genesis in ganz neuem Licht sehen:

Herr Adam und Frau, die verführt hat ihn schlau,
mußten schleunigst den Himmel verlassen.
Drum zog'n s' nach paar Tag'n mit an Trum Möbelwag'n
direkt nach Wien in d'Praterstraßen.
Dort war'n s' fromm und hab'n bet't
alle Täg' im Duett:
Du guada Himmelvoda – is aa pfutsch 's Paradies,
mir hab'n net weit in'n Prater,
der für d'Weana das Himmelreich is!

Durchschnittsmenschen, die nicht das unverdiente Glück haben, in
Wien das Licht der Welt zu erblicken, erfahren von der Innenein-
richtung des Himmels so gut wie gar nichts. Die Weltreligionen
drücken sich vorsichtig und abstrakt aus, in Sagen und Legenden
wird auf Einzelheiten des Interieurs nicht näher eingegangen, und
Liliom, der Prolog im Himmel und andere caeleste Theaterstücke
werden von jedem Bühnenbildner anders interpretiert.
Von modernen Regisseuren werden Bilder, die im Jenseits spielen,
meist mit Kohlenoxidwolken, diffuser Beleuchtung und grauen
Leintüchern ausgestattet, so daß sogar strenggläubige Kleinkinder
bei Befragungen über ihre Vorstellungen vom Wohnsitz des lieben
Gottes bestenfalls von einem goldenen Thron zu berichten wissen.
Den Herrgott selbst können sie sich schon eher vorstellen: gütiger
alter Herr mit seidigem, nachthemdähnlichem Talar, waschmittel-
gepflegtem Vollbart und Glatze, der sich auf einer von Cumulus-
wölkchen getragenen Hollywoodschaukel hutscht.
Aber über die Raumeinteilung, vor allem über die Zufahrtsmög-
lichkeiten zum Himmel wissen die Leute nichts.
Da hat es der Wiener wesentlich besser, denn er kennt durch seine
Liedertexte eine ganze Menge Einzelheiten, hat daher eine überraschend genaue Vorstellung von der Örtlichkeit, die er nach seinem
dem Herrgott sicher gefälligen Lebenswandel zu seinem Stamm-
heurigen oder gar zu seinem ständigen Wohnsitz zu machen hofft.
Aber wie kommt er dorthin? Er findet viele Hinweise:

Mitten in Wien steht der Stephansturm drin,
und alle Weaner schaun auffi zu ihm.
Er zeigt wie ein Finger zum Himmel hinauf
und grad über ihm geht die Himmelstür auf.[102])

Die suchende Seele macht sich also vertrauensvoll auf den Weg
zum Stephansplatz, spaziert an der Oper vorbei durch die Kärnt-
ner Straße – aber dort wird sie aufgehalten.

Ein revitalisierter Werkelmann spielt: »In Grinzing gibt's a Himmelstraßen«[103]) – die Seele verhält ihren Psychoschritt und lauscht, wie es weitergeht:

Der Herrgott hat dort wachsen lassen
Der Herrgott? Bravo – zu dem will sie ja.
An himmlisch guaten Wein.
Hätt' ich mir denken können, denkt die Seele, aber das hält jetzt nur auf. Hoffentlich gibt's präzisere Angaben.
Steigst du schön langsam dort bergauf,
geht a klans Engerl neben dir,
und kommt a Stangen mit an Buschen drauf,
Himmel und Heuriger haben also die gleichen Kennzeichen ...
Sagt's: da ist die Himmelstür!

Die Angaben sind widersprüchlich, aber vielleicht hat der Himmel zwei Türen. Die Seele entscheidet sich gefühlsmäßig für Grinzing. Dort nimmt sie einen gewissenhaften Lokalaugenschein vor und erfährt bei einem Zufallsbesuch in einem Weingarten von einer dritten Möglichkeit: Ein Sänger fordert die Anwesenden auf, sich an einer Kellerpartie zu beteiligen.
Kellerpartie?
Bergab in den Himmel?
Nagende Zweifel quälen die Körperlose.

Heut fahr'n wir einmal in den Himmel hinein,
du fahrst mit, er fahrt mit und i fahr aa.
Der Sänger hat einen suggestiven Blick, die Seele fühlt sich persönlich angesprochen.
Der Himmel liegt unter der Erden beim Wein.
Er wird vermutlich mehrere Filialen haben. Sie überhört die nächsten Zeilen und wartet auf den Refrain.
Erst kommt a Wegerl, dann kommt a Tür,
dann kommt ein Schunkenban ...[104])

Nichts für sie. Als Geist nimmt man nichts mehr zu sich, schon gar nicht ein Schinkenbein. Viel zu fett.
Im Gespräch taucht eine neue Möglichkeit auf: die Trasse, über die vor vielen Jahren die Bahn auf den Kahlenberg fuhr. Die Musik spielt gerade das betreffende Lied, die Seele summt mit und stockt bei der Stelle:

Und kleine Blumerln winken, schließlich kommt ein jeder dran,
dann fahrt s' in'n Himmel rauf, die alte Zahnradbahn.

Stimmt das noch? Kaum. – Erstens gehört sie längst zum alten Eisen, zweitens ist sie doch schon abgefahren, und drittens kann und will die Seele sich nicht festlegen. Aber sie macht sich keine Sorgen, denn sie weiß aus mehreren anderen Liedern, daß sie sich auf den Herrgott verlassen kann – sogar beim Weinkosten:

Wann i des Weinderl kost, g'spür i in mir den Trost,
daß mi der Herrgott bestimmt net verloßt!

Nehmen wir nun an, die Seele hat in dem Weingarten Anschluß gefunden, sie hat sogar von einer kundigen Hausfrau auch noch ein Oberbett als Wegzehrung bekommen, denn:

Wer in'n Himmel, sagt er,
'nein will kemma, sagt er,
muaß a Tuchent, sagt er,
a' mitnemma, sagt er,
weil im Himmel, sagt er,
da is kalt, sagt er,
weil der Schnee, sagt er,
abifallt! (uralte Volksweise)

So ist sie mit ein bisserl Verspätung – schließlich kommt sie ja aus einer Stadt, in der Verspätungen aller Art zur Tradition gehören – an ihrem Bestimmungsort angekommen und könnte nun dank ihrer Fachbildung durch Fachtexte für andere zuag'raste Fremdseelen – pardon: für Gastseelen – den wohlinformierten Museumsführer spielen, aber das wäre ja eine Art Arbeit, und so fängt man die neue Existenzform auf keinen Fall an. Sie verliert sich in einer Gruppe von alten Engerln und damit unser Interesse.
Was wissen wir dennoch aus jenseitsbezüglichen Liedern?
Im Atrium, in einer Art Vorhalle, stehen »zwölf Fasseln wia die Heiligen drin« – es muß ein erhebender Anblick sein; die Fasseln sind doch sicherlich künstlerisch verziert, denn: »Sehn S', durt gehn ma wallfahrten hin.«
Der Petrus ist als Weinhauer kostümiert, aber nur »a wengerl«, damit die Reimvorbedingung auf die Kellnerin geschaffen wird, die blond ist wie ein Engerl. Daher wissen wir, daß die Engel blond sind. Aus dem gleichen Reimzwang (auf Himmel) erfahren wir, daß ein großes Gewimmel herrscht.
Dann hören wir von nebenan das Lied:

Wann i amol in'n Himmel kumm,
dann schau i z'erscht glei umadum,

ob wo a Buschn hängt, a greaner,
weil das is's Landeswappen von uns Weaner.[106])

Wir leiden darunter, daß nicht grammatikalisch und dialektmäßig
richtig gesungen wird: das is's Landeswappen von uns Weaner*n*.
Wir könnten den Sänger korrigieren, aber wir haben andere Inter-
essen als philologische.
Man macht uns auf das Vorhandensein eines Doppelkaffeehauses
aufmerksam, in dessen beiden Räumen Zwillingslieder gespielt
werden, etwa in einem Saal »In einem kleinen Café in Hernals«, im
anderen »Im alten Kaffeehaus in Döbling« – oder im einen »Wer
no in Wien net war« und im andern »Wer no net draußt war im
schönen Liebhartstal«, und dann werden sogar lebende Bilder vor-
geführt. In einem Saal spielt der Lanner mit dem Strauß Tarock,
und Scholz und Nestroy machen Gspaß. Im anderen wird ein ähnlicher Text illustriert, der rund hundert Jahre nach dem ersten Bild
geschrieben wurde.

Vielleicht gibt's im Himmel a Wiener Café.
Vielleicht rennt dort oben a himmlischer Schmäh.
Der Grünbaum, der schreibt mit dem Farkas an Sketch . . .[107])

In ein Wienerlied paßt ein Sketch weder als Reimwort noch als Begriff, aber man kann sich helfen; auf Erden verstorben, sind alte
Fußballgrößen im Himmel präsent, und so plaudert der Papierene
– wie der schlanke Sindelar bei seinen Bewunderern hieß – mit
dem Sesta vom letzten Match, und schon ist ein erfreuliches Bild
und ein perfekter Reim auf der Welt – und das Paar Lanner-
Strauß nickt den Kollegen Farkas-Grünbaum verständnisvoll
zu.[108])
Die Reihe der lebenden Bilder schließt mit einem Finale, in dem
eine beglückende Verbindung zwischen oben und unten gefunden
wird:

Wenn Johann Schrammel in Verklärung
sein Orchester dirigiert,
hab'n die Engel ihm zur Ehrung
alles festlich dekoriert;
durch die Wolken – bis zur Erde –
er den Taktstock schwungvoll führt.[109])

Soeben wird eine Gruppe von Neuankömmlingen zu Besichtigung
einer ganz normalen irdischen Wohnungstür eingeladen, auf der
ein Schild mit der skurrilen Aufschrift: »Eintritt nur für den Haupt-

mieter gestattet« angebracht ist. Rechts und links dieser Tür Wegweiser mit Hinweisen auf den nächsten Weg nach Grinzing und Neuwaldegg.
Im Hintergrund intoniert nun ein unsichtbarer Chor ehrfurchtsvoll:

Der Herrgott muß ein Wiener sein!

Diese gewagte Behauptung mit Orgelbegleitung und fortissimo; die folgende Zeile aber leise, mehrstimmig und mit Schrammel-Untermalung:

Dabei gibt's nichts zu lachen.

Die Seelentraube ist sichtlich gespannt, was es mit dem Schild an der Wohnungstür für eine Bewandtnis hat, aber die Neugierde wird nicht befriedigt, denn der Chor informiert nun retardierend:

Er hat erfunden Lieb' und Wein,
das sind doch Wiener Sachen.

Eine fundierte Begründung dafür, daß Venus und Bacchus aus Vindobona stammen, wird vermutlich erst bei der Eröffnung der himmlischen Archive zu erhalten sein; vorläufig sind das Axiome, die niemand anzweifeln darf. Aber das Rätsel des Türschildes wird gelöst:

Recht oft stiehlt er sich heimlich weg
vom himmlischen Revier.
In Grinzing oder Neuwaldegg,
da hat er – da hat er –
der gute Himmelvater
als echter Kavalier . . .

Ja, was hat er denn da? Einen Palast, einen Dom? – O nein:

Sein Absteigquartier![110]

So menschlich ist der Wiener Herrgott! – Der Chor verklingt, die Seelen ziehen weiter, der innere Himmel beginnt.
Für alle Nichtwiener gibt es nun die Kontrolle der Grenzpapiere. Aber:

Der Weana braucht kan Paß, wenn er in'n Himmel will,
der Petrus schaut ihn an und lacht verschmitzt.
Die Himmelstür geht auf, die Engerln san ganz still,
weil wiederum a Weaner einiflitzt.[111]

Für ihn geht also die Himmelstür auf, vermutlich automatisch wie in den modernen Kaufhäusern, und der Himmel erweist sich als ungeheuer großes, aber sehr freundliches Heurigenlokal mit vielen Kapellen in jedem Sinn, heilige und musikalische.

Nur in Sonderfällen will eine Seele eine Sonderaudienz beim Chef; die wird auch jedem Sänger bewilligt, aber er braucht dazu eine Sonderadjustierung. Der Text des diesbezüglichen Liedes schlägt vor, im Sonntagsg'wand und mit g'wichsten Schuhn vor den Herrn zu treten, was eigentlich selbstverständlich erscheint. Aber es gibt noch zwei zusätzliche Requisiten:

Mit g'wichste Schuh', im Sonntagsg'wand,
den Donauwalzer in der Hand –
(da ist vermutlich der Klavierauszug gemeint, denn die Partitur wäre zu gewichtig)
und unterm Arm vom Vatern d'Geig'n –
(Was macht eine Seele, deren Vater keine Violine besaß?)
so möcht ich mich dem Herrgott zeig'n.

Das weitere Zeremoniell sieht vor, daß der Walzer auf die Stufen des Thrones gelegt wird, und dann heißt es:

Und (ich) spiel, weil da liegt alles drin,
mein ganzes Herz aus Wien.[112])

Es ist ein zweifellos sehr originelles Lied, aber es befreit uns Hörer nicht von der quälenden Ungewißheit: Wie spielt man sein Herz? Reihum werden nun die Hymnen an den Herrgott, die eigentlich alle musikalische Petitionen sind, gespielt – es konnte in diesem Rahmen ja nur ein ganz kleiner Prozentsatz behandelt werden –, und dann geht der himmlische Alltag in die Ewigkeit über. Ein bisserl gedämpft summen im Fegefeuer die Agnostiker mit, aber die Texte können sie von ihren Lebzeiten her noch auswendig. Wir aber warten nur noch ab, bis der schon erwähnte Refrain erklingt:

In Grinzing gibt's a Himmelstraßen,
des kann ka Zufall sein.
Der Herrgott hat dort wachsen lassen
an himmlisch guaten Wein . . .

Denn mit dieser Zeile haben wir den Anschluß an das nächste Kapitel gefunden.

# *Fein, fein schmeckt uns der Wein*

In dem weltbekannten, angeblich sogar in Bantu-Sprachen und einen Eskimo-Dialekt übersetzten Lied »Jetzt trink ma no a Flascherl Wein«[113]) ist das dreimal wiederholte Reizwort »hollodero« ein programmatisches Bekenntnis.

Aus der Vorstrophe erfahren wir historische Tatsachen:

> Der Noah, wia ma waaß,
> der hat amol aus Gspaß,
> weil ihm die Zeit lang g'west,
> a Träuberl ausgepreßt.

Dadurch ist also der Archenbauer zugleich der erste Weinhauer geworden.

> Den Saft hat trunken er,
> und das war sein Malheur,
> denn er hat unbemirkt
> den ersten Schweigl kriagt. (Ein origineller Reim!)

Unbemirkt.

Man merkt es nicht – man kann also wieder einmal nichts dafür, wenn man einen Affen kriegt. Der Wiener ist bekanntlich immer unschuldig.

Genaueres über die Beziehungen von Wien zum Wein erfahren wir, bevor wir ehrfurchtsvoll lesen, daß ein alter Nußbaum draußt in Heiligenstadt noch immer das grüne Haupt hoch trägt (toitoitoi!). Aus der Vorstrophe geht hervor, daß der römische Kaiser Probus zwar den halben Globus kannte, trotzdem besonders gern in Wien weilte. Er fand die Gegend besonders geeignet für den Weinbau und:

> Daß man froh hier lebe,
> pflanzte er die Rebe.[114])

Tatsächlich ließ sein Legat Galienus eine ganze Menge Nußbäume einsetzen. Das ist historisch belegt. Ob das der Texter gewußt hat?

Noch eine Spur historischer ist der Wein bei dem Nürnberger, der ein Schuh-Macher und Poet dazu war: »Die Weinkeller sind dief und weyt...«

Und wer mehr über den Weinbau in und um Wien erfahren will, geht in eine öffentliche Bibliothek und hat Lesestoff für sein ganzes weiteres Leben.

Wir kommen zu den in den Liedern erwähnten Eigenschaften des Weines.

Zuerst einmal ist er gut:

> Ja, ja, der Wein is guat,
> i brauch kan neuchen Huat.

Der Sänger behält lieber den alten Schabbesdeckel auf, als daß er Gänsewein zu sich nähme.[115])
Erwähnenswert, daß der Text von Gribitz, der angeblich ein Berliner war, stammt. Aber wir sind ja nicht so. Die Musik von Heinrich Strecker nach einer alten Volksweise. Volksweisen sind fast immer Erfolgsweisen, und wenn man die im Eigenverlag herausgibt, kriegt man genausoviel Tantiemen wie ein Komponist.
Der Wein kann ein Spezi sein, und das gibt einen Doppelsinn: entweder ist er ein Freund:

> I spar mei Geld für ihn allein,
> für mein teuren Freund, den Wein ...

oder der Wirt nennt einen Teil seiner Produkte »Spezialwein«. Dieser unterscheidet sich oft vom normal ausgeschenkten nur durch den Preisaufschlag.
Eine besondere Qualitätsforderung wird ausschließlich von Lichtentalern erhoben, die man laut Text nicht beschummeln kann. Ihr Wein kennt keine Mischung, bringt für Leib und Seel' Erfrischung und vor allem:

> Aber g'rebelt (mindestens dreimal g'rebelt) muaß er sein![116])

So ein Wein enthält angeblich weniger Holz, weil die Stengel von den Trauben sorgfältig und arbeitsintensiv abgelöst, also gerebelt werden.
Dadurch, daß der Wein als Freund gesehen wird, bekommt er Personencharakter:

> Das is a Wein, mit dem bin ich per du,
> ich schenk ihn ein und er – er lacht mir zu!

Manchmal wird aus diesem Freund ein Diktator:

> Heut wart' ein Heuriger auf mi, i muaß mi tummeln,
> und trinkst du aa so gern wia i, geh mit mir bummeln!

Ein Jammer, daß auf ein so wienerisches »tummeln« ein so norddeutsches »bummeln« gereimt wird, aber solche heterogene Reime finden wir in den neueren Liedern sehr häufig.

> So ein Weinderl, das wart' net gern,
> und jetzt taucht der Tyrann auf:

So ein Weinderl will trunken werd'n![117])

Wieder ein Beispiel für die vielen Ausreden, die uns die Lieder liefern! Der gehorsame Wiener folgt dem Text wie die Ratten dem Fänger.
Von überallher kommen die verführerischen Slogans:

I muaß wieder einmal in Grinzing sein
– und jetzt gleich dreimal:
Beim Wein, beim Wein, beim Wein.

Dieses Lied wurde 1915 geschrieben, und in einigen Wien-Büchern steht zu lesen, daß es den Wehrwillen der Soldaten stärken sollte. Schon wieder eine Ausrede!
Dreißig Jahre vorher war der Andrang zu den Schrammeln der Anlaß für ein Weinlied, in dem Wein nur mittelbar vorkommt: Ja, da fahr'n ma halt nach ...
Einen Moment: so wird das Lied fast immer gesungen. In alten Noten steht eine leicht veränderte Überschrift: Mir gengan heut nach Nußdorf 'naus. Der Text unter den Noten lautet wieder anders: Drum gehn wir halt – und im Volksmund heißt es das Jodoform-Lied.[119])
Warum gerade Nußdorf?
Weil der reizvolle Zusammenklang von zwei Geigen, einer G-Klarinette und einer tiefen Gitarre – heute würde man es als »sound« bezeichnen – am häufigsten in Nußdorf zu hören war, wo die Brüder Schrammel als die »Nußdorfer« firmierten.
Apropos Johann Schrammel. Sein bekanntester Marsch trägt den Titel »Wien bleibt Wien«. Dieses Motto ist unzählige Male parodiert und neu textiert worden. Aus so einer Parodie wurde eine Stelle zu einem Fast-Zitat:

Daß du mich liebst, daß weiß ich,
auf deine Liebe schei ... nt der Mond ...

Die Behauptung »Wien bleibt Wien« wurde als gefährliche Drohung bezeichnet. Das klingt wie ein Einfall von Karl Kraus – und ist auch von ihm.

An dieser Stelle sei eine kurze Abschweifung gestattet: das Jodoform-Lied (Jodoform war in der Zwischenkriegszeit ein sehr bekanntes Jodpräparat, ein Desinficiens) zog eine Menge ähnlicher Scherztexte nach sich.
Kennen Sie das Imperatorlied? Im P-rater – blühn wieder die Bäume ...

Der berühmte Walzer aus dem Walzertraum von Oscar Straus wurde zum Kanzleiwalzer: Leise, kanz lei-se klingt's durch den Raum, und aus dem »Weißen Rößl« kommt das Essa-mussa-Wasser: Es(a) muß(a) was(a) Wunderbares sein (von dir geliebt zu werden). Relativ neu ist das Lied vom lahmen After:
Af da Lahmgruab'n und af da Wieden san die Gusto halt verschieden.
Tschuidigung – aber ein bisserl blödeln wird man noch dürfen!

Ihre Hochblüte erreichten die Weinlieder (nach oberflächlicher Zählung gibt es rund dreihundert!) in der Schrammelzeit, also vor der Jahrhundertwende: da gab es die meisten Heurigen, Wiener Lieder waren der höchste Spinat, und die Wiener feierten die Wiedergeburt ihres schon verloren geglaubten Weinderls.
Das kam so: Um 1870 wurden die Reblaus und der falsche Mehltau aus Frankreich eingeschleppt. Das hatte zur Folge, daß weit über 70 Prozent der Rebstöcke eingingen. Das Ende jeden Weinbaues schien bevorzustehen.
Aber aus keinem der damaligen Liedertexte konnte man über die schlechte Qualität und die nur noch geringen Mengen etwas erfahren; es scheint damals eine großartig funktionierende Art von freiwilliger Selbstkontrolle gegeben zu haben.
Die Krise ging vorbei, Freiherr von Babo gründete nicht nur die europaweit bekannte Klosterneuburger Wein- und Obstbauschule, sondern wurde auf eine ganz unwienerische Art vernünftig aktiv: er importierte aus Kalifornien reblausfeste Weinstöcke, informierte die Hauer und sorgte so für sorglose Produktionsmöglichkeiten. Er war klug und verschwiegen, und nichts erinnert uns Wiener daran, daß unser heimisches Weinderl vermutlich von amerikanischen Eltern stammt.[120]) So was verdrängt man!
»Zwar trinkt man überall Wein, aber in Wien schmeckt er am besten beim Heurigen, wo der Startplatz für die neuen Lieder ist, wo jeder was davon versteht und wo das Weintrinken fast zum religiösen und gottgefälligen Ritus wird.« So schreibt Harry Zohn in seinem wissenschaftlichen, aber sehr unterhaltsamen Aufsatz mit dem Titel »Und 's klingt halt doch so voller Poesie«.
Schon eine Schande, daß die einzige seriöse Universitäts-Untersuchung des Wesens unserer Heurigenlieder ausgerechnet in Amerika 1980 gedruckt und herausgegeben worden ist!
In diesem Essay findet sich unter anderem die erstaunliche Feststellung, daß Hermann Broch das Heurigenwesen als »fröhliches Apokalypserl« bezeichnet hat, und weil wir gerade vom »fin de siècle«,

von der Jahrhundertwende gesprochen haben – dazu meint Zohn, der urwienerische Amerikaner:

»Das Wienerlied liefert in dieser Periode ein musikalisch-literarisches Rückzugsgefecht mit seiner Einsicht, daß ›glücklich ist, wer vergißt, was nicht mehr zu ändern ist‹. So wird Johann Strauß zum Vogel Strauß.«

Im Wein liegt gleich neben der Wahrheit das Vergessen, und darum braucht der Wiener viel Wein, um diese für ihn lebenswichtigen Gedächtnislücken, diese fröhliche Amnesie bei Bedarf herbeizuführen, und deshalb wird schon der erste Schluck zu einer feierlichen Zeremonie; zumindest ist das bei Fachleuten, bei den »sommeliers der grünen Kränze«, bei den Weinbeißern so.

Zuerst wird der frische, kühle Duft geschnuppert.

> I riach an Wein scho kilometerweit,
> mei Naserl hat a Freud' am Glaserl Wein.[121])

Diese Behauptung ist übertrieben, aber bis zu einem Meter kann der Riecher schon eine Auskunft über Herkunft und Qualität wagen.

Nächster Schritt: die Mundhöhle wird mit einem Minischluckerl austapeziert, das flüssige Sonnengold mit der Zunge auf eine Rundfahrt geleitet; keine Geschmacksknospe, kein Nervende darf unbeteiligt bleiben, die erwartungsvolle Kiefernzange öffnet und schließt sich, weil den Wein,

> Den muaß ma, wia's die Weana heißen,
> net nur trinken, den muaß ma –
> (effekthaschende Pause, dann)
> beißen!!![122])

In einem anderen Lied wird ähnliches vom letzten Viertel behauptet, nämlich:

> Das letzte wird »bißn« mit Verstand und Räson.
> Sehts, liabe Leut': das is meine Passion![123])

An der sachlichen Richtigkeit dieser Behauptung darf gezweifelt werden, da schimmert die poetische Lizenz nur noch undeutlich durch den Nebel.

Abschließend kommt das erlösende Gutachten:

> Das is a Wein, ja der schmeckt fein,
> ma schaut ins Glaserl rein
> und muaß in Stimmung sein.

So guat wie der ist keiner mehr,
wo dieser Wein erblüht, wächst auch das Wienerlied...[124])

Das Singen gehört also zum Wein. Bemerkenswerterweise gab es
im 19. Jahrhundert zweimal ein Gesangsverbot beim Heurigen:
Im Vormärz, also etwa ab 1845, war jede musikalische, vokale
Darbietung untersagt, weil es sonst keine Möglichkeit gab, den go-
scherten und dickschädligen Wienern das Absingen von antiautori-
tären Texten zu verwehren, und diese »Vurschrifd« galt bis zur
Aufhebung des Belagerungszustandes, also bis etwa 1853.
Die zweite Einschränkung bezog sich nur auf einen kleinen Perso-
nenkreis: Jahrzehnte später erreichten es die Volkssänger, daß sogenannte Natursänger sich in Buschenschenken nicht betätigen
durften. Unter dem Begriff »Natursänger« verstand man alle nicht-
lizenzierten Pfuscher wie Wäschermädel, Schauspieler und Fiaker.

Bis nach dem Zweiten Weltkrieg war der Wein ein fester Bestandteil der Wienerlieder; seit es ein neues, vernünftigeres Österreich
gibt, scheint er als Verführer zum Alkoholismus keine allzu große
Rolle mehr zu spielen. Aus vielen Gründen, darunter auch die Pro-
millekontrollen der Funkstreifen mit dem »Röhrlblasen«, entsteht
eine kontrollierte Generation von Heurigen-Fans, die zwar noch
gerne die alten Lieder bestellen, aber das »Trink ma no a Flascherl«-Prinzip offenbar nicht mehr so ernst nehmen.
Im Kabarett der wilden fünfziger Jahre ging man sogar so weit,
das Wort »Wein« komplett zu amputieren. Das war ein Gedanke,
den es auch schon früher, damals allerdings als Horrorvision, gab:

Mir hat heut tramt, es gibt kan Wein mehr,
es gibt nur Kracherln und Siphon...

Kabarettistisch mußte daher zum Beispiel das Lied von der Reblaus
so weitergesponnen werden:

Ich war im früheren Leben als Wurm im Apfel drin,
drum trink ich heut mit aller Kraft nur Apfelsaft.

Das »Glaserl mit an Henkel« wird für bundesdeutsche Besucher
adaptiert:

'n Gläschen mit 'nem Henkel,
jefüllt mit Magermilch,
da klopft sich uff de Schenkel
voll Freude jeder Knilch!

Grinzing wirbt für ein Aufgußgetränk:

Wie gern ich doch immer nach Grinzing geh
zum Tee, zum Tee, zum Tee ...

Und wenn dann die Stimmung einen ungeahnten Höhepunkt erreicht, stimmt die Reisegesellschaft aus Wuppertal begeistert das treudeutsche Liedchen an:

Jetzt noch ein Sprudel mit Geschmack, hollodarooo!
Das war heut ein jesunder Tack, hollodarooo!
Und iß der alle, macht ja nischt, hollodarooo,
weil man dann noch 'nen Sprudel zischt – hollaridiooo!

Kabarett wird, Gott sei Dank, nicht ernst genommen.
Soll es auch nicht.

Zukunftsaussichten des Weines und seiner musikalischen Vertriebs-organisationen?
Die Zeitschrift »Alt-Wien« zitiert einen Zeitungsartikel aus dem Jahr 1895, der mit kleinen stilistischen Änderungen von vielen auch heute zustimmend benickt würde:
»Wohl gibt es in unserer Kaiserstadt noch heute hier und dort das alte Heurigentum, wo nur selbstgefechste Weine ausgeschänkt und die alte Leutgeb-Ordnung noch eingehalten wird, derzufolge die Weinhauer nur in bestimmter Reihenfolge zum Ausschank gelangen. Aber die eingesessenen Wiener Bürger sollten sich nicht darüber täuschen, daß das Heurigenwesen in Wien unaufhaltsam dem endgültigen und unaufhaltsamen Verfall entgegengeht.«
P.S. Das Wort Leutgeb kommt von einem mittelhochdeutschen Wort *lît* für Most und bedeutet soviel wie Wirt. Es kommt in der Verordnung vor, die Joseph II. 1784 erließ und in der er sowohl die Tabakregie gründete als auch den Ausschank selbsterzeugter Weine genehmigte.
Dieses schwierige, weil so unglaubliche zweischneidige Kapitel beschließt ein Text, der von Fritz Muliar vor ein paar Jahrzehnten aus der Taufe gehoben wurde:

Zu wenig is schlecht,
zu viel is net guat,
egal, ob ma's hat oder tuat.
Wer g'scheit is, der schlagt
einen Mittelweg ein
bei der Arbeit, bei der Liebe
und beim Wein![125])

## O du alter Stephansturm, o du blauer Donaustrand

Wir stehen noch einmal auf dem Kahlenberg und schauen hinunter auf Stadt und Umgebung. Unser Bekannter mit den nördlichen blauen Augen erfaßt mit einem Blick, daß nicht nur die Komponisten, sondern auch die Texter ihre wichtigsten Themen nicht mühsam suchen müssen. Sie entnehmen sie dem Panorama und verwursten den Rundblick: die Donau, der Prater, der Steffel und die ganze Umgebung liegen wie auf einem Präsentierteller: Poet, greif zu!

So wie jeder Heurigenbesuch den grauen Alltag zu einem blauen Abend machen kann, macht die poetische Wiener Ader auch den Fluß blau.

In seinem Donaustrom, der sich so praktisch auf Stephansdom reimen läßt, ist zwar selbst bei günstigster Sonnenspiegelung nichts von einer auch nur annähernd blauen Tönung zu merken, aber sein Talent, sich eine heile Umwelt vorzugaukeln, seine Gabe, alles, was er lieben will, schön zu färben, duldet diesen Makel nicht. Er singt daher zuerst allgemein:

> Das ist die Wiener Spezialität,
> Daß man als Wiener nicht untergeht.

Ein paar Zeilen später kommt er zu einem kühnen Schluß:

> Sogar die Donau, die immer grau –

Und jetzt wird sein Widerspruchsgeist, seine Dickschädligkeit zu einer weiteren Wiener Spezialität:

> Die sehn wir Wiener blau, blau und *justament* blau![126])

Der Strom ist also sogar dreimal blau. – In diesem Text werden heutige Werbungsrichtlinien vorweggenommen: man muß eine Qualitätsbehauptung nur oft genug wiederholen, damit sie geglaubt wird. Dann ist die Ware verkäuflich geworden.

Erschwerend für den Verkauf des Wortes Donau scheint, daß es sich auf nichts reimt. Das stimmt aber nicht unbedingt: Als Karl Farkas, der geniale Wiener Sprachakrobat, aus der amerikanischen Verbannung zurückkam, schrieb er – wohl mehr für sich als für seine nicht immer sprachkundigen Landsleute – in sein Notizbuch:

> Though it was nice, I'll have to go now,
> weil ich hab Heimweh nach der Donau.

Obwohl sich also nichts wirklich Brauchbares auf Donau reimt, ist sie in Zusammensetzungen immer wieder in den Texten zu finden:

Mein Liebchen wohnt am Donaustrand ...

Wird ein steiniger Weg zum Liebchen werden.

Am schönen Donaustrand, wo meine Wiege stand ...

Der Dichter muß sehr unvorsichtige Eltern gehabt haben: die Wiege braucht doch nur ein bißchen schaukeln, und schon liegt der Pamperletsch im Wasser.

Man beteuert, daß Größe und Breite nichts mit den Gefühlswerten zu tun haben:

Wär die Donau nur a kleines Wasserl,
hätt' ich sie trotzdem gern,
denn sie fließt durch Wien ...[127])

Sie wird ja auch nur in Wien besungen – oder kennt jemand ein Ulmer, Linzer Donaulied? Wieso hat Budapest oder Belgrad dem Fluß nie musikalische Beachtung geschenkt?

Aber kaum kommt die Thuonawe, wie sie früher hieß, auch nur in die Nähe der Stadt, schon hat sie ein Lied sitzen:

Da draußen, in der Wachau,
die Donau fließt so blau ...[128])

Und wenn sie durch Wien geflossen ist und alle ihre Loblieder von den Hängen der Weinberge gehört hat:

An der Donau, wenn der Wein blüht ...[129])

den blauen Donau- und den Donauwellenwalzer, der eigentlich ein Eislaufwalzer ist, wenn sie alles das eingesogen hat und sich verabschieden will, dann schickt man ihr vor ihrer großen Orientreise noch eines der berühmtesten Wienerlieder nach, die es überhaupt gibt.

Durch einen Zeitungsbericht aus dem Jahr 1969 erfahren wir Interessantes über die Entstehungsgeschichte dieses Werkes.

Kam da anno 1927 ein gewisser Ferdinand Klampferer zu dem damals schon recht bekannten Komponisten Heinrich Strecker und bot ihm eine Zeile zum Vertonen an, hochoriginell und einfallsreich: Frühling in der Lobau.

Strecker las den primitiven Text, erklärte dem Klampferer, daß er eigentlich Krampferer heißen sollte, weil: »Der Text is a Schmarrn; des braucht kein Mensch!« Dann aber begann er, um Wiener Charme zu spritzen, auf dem Klavier zu improvisieren und erfand die weltbekannte Melodie.

Zu diesem Ohrwurm schrieben sie angeblich gemeinsam einen Text, Klampferer nahm sich als Pseudonym den Namen Eckhardt, und das halbfertige Lied wurde dem Wiener Bohème-Verlag vorgespielt. Dort saß Dr. Fritz Löhner, bekannt unter dem Namen Beda, der schon unzählige Erfolge getextet hatte, von »Ausgerechnet Bananen« bis »Dein ist mein ganzes Herz« und retour, und erkannte sofort die Genialität der Melodie, er nahm bei den Holperstellen wichtige Änderungen vor, womit Eckhardt-Strecker einverstanden waren. So wollte er die Stelle »wo das Rehlein so springt« abändern und statt dessen »wo die Einsamkeit winkt« singen lassen, an anderer Stelle wollte er das Wort »Teich« ausmerzen, nicht nur weil es in der Lobau keinen Teich gibt, sondern auch weil ihm der folgende Reim »und die Vöglein, sie zwitscherten alle zugleich« mißfiel. In einigen Punkten drang er durch, andere Stellen blieben, wie sie waren – und dann kam sein Name dazu, und das Lied trat seinen Siegeszug um die Welt an.

Rund fünfunddreißig Jahre später klagte Professor Heinrich Strekker die Erben nach Eckhardt-Beda auf Anerkennung, daß er nicht nur der Komponist, sondern auch der Texter des Liedes sei und daher ein Recht auf die gesamten Tantiemen habe. Der Prozeß endete – so steht es im »Neuen Österreich« vom 2. November 1963 – mit einem Vergleich; die Texternamen blieben.

Interessant ist ein Ausschnitt aus dem Protokoll: Die seinerzeitige Sekretärin Streckers sagte aus, daß sich die Beteiligten damals völlig uneinig waren, ob das Lied nun »Lenz in der Lobau« oder »Drunt' in der Lobau« heißen sollte. Strecker hat diesen Streit entschieden: »Wir nehmen ›drunt'‹, weil des hat sich bewährt. ›Drunt' im Liechtenthal und drunt' beim Alserbach‹ kennt a jeder, aber mit an Lenz kennt sich ka Mensch aus.«

Es ist eines der schönsten Donau-Lieder geworden, auch wenn der Strom nur in der Vorstrophe vorkommt:

Wo die Donau mit silbernen Armen umschlingt
's letzte Stückerl vom träumenden Wien . . .

Ein farbenprächtiges Phänomen: die blaue Donau hat silberne Arme!

Ja – damals hat es noch träumen können, das letzte Stückerl vom alten Wien. Heute sorgt die Ölraffinerie, die Neue Donau und die Freikörperkultur dafür, daß die eingedämmte, ausgebaggerte und für eine Staustufe vorgesehene Donau nicht mehr zum Träumen kommt. Sie weiß ja kaum noch, wo sie ihre blauen Auen demnächst verstauen wird.

Neben ihrem Bett liegt – züchtig und sittsam von ihr durch den Handelskai getrennt – der geliebte Prater.

Den gibt es für den Wiener in zwei Varianten: als Naturpark mit vielen romantischen Wegerln und einer Hauptallee einerseits und dem Wurstelprater als ständigen Volksfestplatz andererseits.

Das berühmteste Prater-Lied – da muß man schon auch sagen: das berühmteste »Werk« – ist die Melodie, welche die Welt unter dem seltsamen Titel »The woods of Vienna are calling« (Es rufen die Wälder [?] von Wien) kennt.

In dem Buch »Servus du« – also in der Selbstbiographie von Robert Stolz – steht ausführlich die aufregende Geschichte, wie man dem »Robertl« bei seinem Besuch in Israel 1963 verbieten wollte, daß er eine seiner Lieblingskomponisten in der Originalsprache, also auf wienerisch, singen läßt. Wie dann die Frau Einzi zu den Herren der Regierung sagt: »Aber bitte: ›The woods of Vienna‹ ist doch ganz was anderes als ›Im Prater blühn wieder die Bäume‹« und wie das Lied dann doch – mit dem deutschen Originaltext – zu einem ungeheuren Triumph wurde. Wörtlich schließt die Episode: »Robert hatte die Musik und die Poesie Wiens nach Israel gebracht und mit ihnen den Kummer und die Bitterkeit hinweggefegt, die die Herzen vieler Menschen so viele Jahre lang vergiftet hatten.«

Der Prater muß den Stolz fasziniert haben, denn er schreibt ein zweites Lied über diese Gegend:

> Heut fahr'n ma im Wagerl in d'Hauptallee,
> du, das wird ein Tagerl – a Mordsgaudee![130])

Wenn einer den Unterschied zwischen den beiden Liedern Klavier spielen könnt', wär' er der Chopin.

Ganz nebenbei: man weiß bis heute nicht genau, woher der Name Prater kommt. Entweder von einem Herrn de Prato, dem man im Mittelalter eine Wiese, die lateinisch *pratum* heißt, als Lehen gegeben hat oder vom spanischen *prado*. So heißt heute noch das große Museum in Madrid, und den Namen könnten spanische Granden mit dem Reitschul-Zeremoniell nach Wien gebracht haben.

Aber diese Granden waren sicher viel zu grantig (grantige Granden sind kein Zufallszusammenhang), um den Wiener Wortschatz so zu beeinflussen, daß man sie bei Ortsnamen berücksichtigen müßte, und daher ist eine dritte Deutung wahrscheinlich die richtige:

Aus der Vogelschau oder auf einer Landkarte gleicht der Prater einem Bratspieß mit recht viel Fleisch dran, und so was hat man einst »Brater« genannt. Im Unterscheiden von b und p, von Media und Tenues waren die Wiener nie sehr stark und schon gar nicht in der Orthographie.

Man darf es sich also aussuchen, wenn man den Prater unbedingt irgendwoher ableiten will. Aber wer will schon?

Eher wollen viele Lieder den Wurstelprater schildern:

> Sonntag im Prater, das Glück liegt in der Luft.
> Uralte Linden verströmen süßen Duft.

Sie verströmen ihn meist vergeblich, denn in der Praxis riecht es nach Salzgurkerln, Bratwürsteln und Langos-Öl, aber das vergißt man wieder.

> Das Orchestrion rumpelt monoton:
> es-tam-tam, es-tam-tam.
> Dort beim Ringelspiel stoßt man im Gewühl
> lachend z'samm: *tschiin!*[131])

Das ist ein recht gelungener und realistischer Versuch, die Wurstelprateratmosphäre zu einem Hörbild zu machen.

Dann gibt's eine Reihe von Liedern, die den Firmling mit dem Prater verbinden:

> Im Prater geht die Gaudi an,
> dann san mir nachher schleuni
> aufs Riesenrad, zur Grottenbahn,
> zum Zauberkünstler eini . . .

Der Prater kommt – von den vielen anderen Gelegenheiten abgesehn – schon deshalb so häufig in unseren Liedern vor, weil er sich so schön reimen läßt: auf Vater, auf Theater, ja, diesen Vorteil »hat er«. Dabei fehlt kurioserweise der Name in einem der bekanntesten Praterlieder.

Der Textdichter dieses Liedes, Peter Herz, ist zu dem Zeitpunkt, da er uns frisch und munter das Folgende erzählt, gerade neunzig gewesen. »Ich bin Baujahr 1895«, sagt er, »und ich kann mich noch sehr gut erinnern, wie die Nummer entstanden ist.

Das war – lassen S' mich nachdenken – ja, das war im 29er Jahr. Das weiß ich so genau, weil wir damals eine Glückssträhne gehabt haben, der Hermann Leopoldi und ich. Damals haben wir erfahren, daß unser ›Kleines Café in Hernals‹ fast überall gespielt wird, der Leopoldi hat sich einen Vorschuß auf die Tantiemen genommen und mich in die Krieau zum Trabrennen mitgeschleift. Ich hab ja – genau wie alle seine Freunde – gewußt, daß er ein leidenschaftlicher Tippler war, und nach dem letzten Rennen hat er alle seine Taschen umgedreht und melancholisch konstatiert: ›Ich bin tippelskat, ich hab nicht einmal das Geld für die Tramway nach Haus. Es is a Jammer: Noten kann man arrangieren, aber die Pferderln leider nicht.‹

Na – dann sind wir zwei leicht betroppezt durch den Wurstelprater in Richtung Leopoldstadt marschiert. Wir sind an einem Ringelspiel vorbeigekommen – Sie, ich weiß heute noch, wie es geheißen hat: Fortuna-Damenkarussell – und dort sind wir stehengeblieben und haben geschaut, wie der Wind die Röcke von den Mädeln durcheinandergewirbelt hat. Der Hermann Leopoldi, der ein gewaltiger Weiberer vor dem Herrn war, hat sich von den pikanten lebenden Bildern gar nicht trennen können.

Wie ich ihn dann am Ärmel gezupft hab, daß er weitermarschieren soll, hat er einen kellertiefen Seufzer ausgelassen, hat noch einmal auf die Mäderlhaxen geschaut und gemeint:

›Schön is so ein Ringelspiel!‹

Damit war einmal die Zeile auf der Welt; wie wir dann zum Praterstern gekommen sind, war die Melodie in seinem Hirn schon fertig, und er hat mir erzählt, daß ein seiniger Freund namens Franz mit seinem schlamperten Verhältnis auf dem gleichen Ringelspiel einmal von seiner Frau derglengt worden war – und damit hab ich zuallererst die dritte Vorstrophe gedanklich konzipiert und später nach der Musik vom Hermann geschrieben:

Der Herr Franz ganz diskret mit sein' Flirt in'n Prater geht.
Plötzlich ruft sie: ›Franzl, schau: is des net dei Fraa?‹
›Ja‹, sagt er, ›Fixlaudonstern – mit mein Zimmerherrn.‹

Wie der Hermann später das Lied im Ronacher zum erstenmal gebracht hat, haben die Leut' vor Begeisterung getrampelt, und wir haben gewußt: die Glückssträhne, unsere Maslserie geht weiter.«

Der Peter Herz hat zahllose Lieder getextet, aber nie wieder ist ihm ein so gspaßiger und doch philosophischer Tiefgang gelungen:

Immer wieder fahrt man weg
und draht si doch am selben Fleck...

Unbewußt haben die Wiener auch gemerkt, daß er den Sinn des Wurstelpraters zu einer Zeit, in der »s' Göd« knapp war, sehr tröstlich klargemacht hat:

Damit auch der kleine Mann
sich eine Freude leisten kann![132])

Vom Praterstern aus besteht direkte Sichtverbindung mit dem Wahrzeichen Wiens:

O du alter Stephansthurm,
(1870 hatte er um ein h mehr als heute!)
O du blauer Donaustrand:
Is denn das nicht mehr das Wien,
dort, wo unsre Wiege stand?[133])

Der Steffel ist wirklich der allermittelste Mittelpunkt von Wien, sämtliche Kilometerangaben beziehen sich auf ihn, und man kann sich gar nicht mehr vorstellen, daß der Platz, auf dem der Dom steht, einst außerhalb des Römerlagers Vindobona lag.
Er ist ein herrlicher Dom, eine eindrucksvolle Leistung gotischer Baukunst, ein unglaublich ergiebiges Thema für Dichter und Maler.
Für den einfachen Wiener aber ist er noch viel mehr: eine Persönlichkeit, ein Helfer, ein Freund – eben *sein* Steffl.
Schon die Namensnennung produziert einen Adrenalinstoß, aktiviert die Tränendrüsen, und wenn der Steffel beim Heurigen besungen wird, schmilzt das edelmetallene Herz und wird ein Lehmpatzen.
Allein schon durch seine Aktivität imponiert uns der alte Herr: er winkt (»Wenn dann der Steffel, der uralte, winkt«), er steht kerzengrad als Spleni Posten, er ragt empor als Wiens getreueste Wacht, er fängt immer wieder zum Plaudern an, zum Beispiel von seiner Jugend und vom alten Wien, und vor allem freuen wir uns, wenn wir hören, daß er lächelnd auf uns niederblickt und unsere Stadt immer wieder zur Stadt der Lieder befördert.
Dazu noch eine Illustration aus unserer Zeit. Wie wird der Steffel mit dem Lärm durch den Individualverkehr fertig?

Wie ihn Autohupen stören, zeigt der alte Steffel nicht.
Eine sachliche Feststellung, die niemand bestreiten kann. Aber moderne, motorisch infizierte Situationen passen nur mühsam in ein Wienerlied, darum kommt jetzt eine Art surrealer Poesiezusatz:
Aber unsichtbare Zähren rinnen über sein Gesicht.[134])

Der Steffel kann sich zwar über den Fremdkörper »Zähre« aufregen, aber nicht dagegen wehren. Dafür ist er wahrscheinlich erstaunt, zu erfahren, daß er ein Gesicht hat, mit dem er weinen kann.
Würde man seine Träne untersuchen, so fände man wahrscheinlich auch Spuren von Alkohol, und das könnte so erklärt werden:
Im Jahre des Herrn 1456 bekamen die Weinstöcke rund um Wien zu wenig Sonnenschein, und der Wein war so krampensauer, »daß

es den Wienern die Söckel im Schuhwerk auszog'n hat«, wie in einer alten Chronik zu lesen ist. Daher überredeten die Wiener Ratsherren die Weinhauer relativ mühelos dazu, ihren Sauerampfer in einer Art Wallfahrt zum »St. Stephansfreithof« zu bringen, wo er zum Anrühren des Mörtels verwendet wurde.

Eine Basilika, deren Steine mit Wein vermischt sind. Wienerischer geht es bestimmt nicht mehr!

Der Steffel hat in den letzten Jahrhunderten viel mitgemacht; er

Sah die Türken, die Franzosen,
sah herab auf manchen Sturm...

1809, nach der Franzosenzeit, soll er sich so verbogen haben, daß man ihn mit dem Turm von Pisa verglich. 1945 zerschoß die abziehende SS große Teile der Kirche, aber der Turm blieb durch ein Wunder unversehrt.

Eines der ersten Lieder, das nach dem Inferno des wohl grauslichsten »Frühlings in Wien« die Einwohnerschaft, soweit vorhanden, wieder zum Singen brachte, war die Melodie-Zeile:

Wenn der Steffl wieder wird, so wie er war,
wohl übers Jahr, vielleicht schon übers Jahr.[97])

Nun – es hat natürlich länger gedauert, aber zehn Jahre später war sogar die Pummerin wieder an ihrem Platz, und kein Statistiker kann ausrechnen, wie groß der Einfluß des alten Steffels auf Arbeitseifer und Opferwilligkeit der Wiener war und wie sehr er beim Wiederaufbau mitgeholfen hat.

So.

Und jetzt schauen wir einmal die einzelnen Bezirke an, die den Steffel umgeben und über die er treulich Wache hält.

Der erste Bezirk, die Innere Stadt, kommt da schlecht weg.

Das Rathaus war zu bürokratisch, die Albertina zu hochkulturell, der Heldenplatz zu heldisch, aber:

Beim Burgtor am Michaelerplatz,
da hat oft gewartet auf mich mein Schatz...[135])

So erzählt der Großvater und fügt hinzu, daß man von der kaum erhöhten Bastei aufs träumende Wien hinuntergeschaut hat; dann wird die höchst rhetorische Frage gestellt: Jugendzeit, warum bist du dahin?

Mindestens fünf Lieder haben es mit der Oper versucht, aber keines von ihnen wurde richtig populär. Trotz stolzester Hof- und

Staatsoperntradition bleibt dieses den Wienern so teure Haus beim Heurigen unbesungen und nur einer höheren Schicht zur berechtigten Verehrung vorbehalten.
Beim Wein wurde nur knapp nach der Fertigstellung ein ironisches Gstanzl populär:

Der Siccardsburg, der Van der Nüll,
die hab'n halt beide keinen Stil,
ob griechisch, römisch, Renaissance –
für die is alles ans!

Beim zweiten Bezirk, bei der Leopoldstadt, denkt der oberflächliche Wiener entweder an den Prater oder an die Mazzesinsel zwischen Donaukanal und dem großen Strom, aber kaum einer wird wissen, wie viele sehr bekannte Wienerlieder aus der »unteren Lad'« von jüdischen Komponisten stammen. Namen wie Rosenzweig, Pischinger, Schlesinger oder Alexander Krakauer haben niemals Anstoß erregt, die Leut' waren Wiener und haben herrliche Lieder geschrieben, etwa »Pfüat di God, du alter Linagrab'n« von Adolf Hirsch, der sich später Adolfi nannte. Krakauer schrieb das grad vorhin erwähnte »Mein Liebchen wohnt am Donaustrand« und noch viele, viele andere.
Es gab jüdische Volkssänger, zum Beispiel die Geschwister Semmel, der christliche Ludwig Gruber schrieb ein Lied über Kobi Steitensprung, und vom Fiakerlied wird noch ausführlich die Rede sein.
Ein Wienerlied, das ausdrücklich als »alte Volksweise« bezeichnet wird, beginnt: »Und die Neubaufanny und die Judenhanny...«[136]) Friedrich Schlögl schreibt in seinen »kleinen Culturbildern aus Wien« von einer besonders beliebten Salonjodlerin: die Erhartin, vulgo Judenpepi.
Das Wort »Leopoldstadt« aber kommt in keinem bekannten Lied vor; das war aber zumindest bis zur Nazizeit bestimmt ein Zufall.

Der dritte Bezirk heißt Landstraße, ein Bezirksteil Erdberg, das hat aber nichts mit einem Berg von Erde zu tun, sondern leitet sich von Erdbruch, eine Art Graben, ab.
Uralt, angeblich schon im 18. Jahrhundert aufgezeichnet, das Lied:

Da drunt' in Erdberg is a Gasserl,
da san die Häuserln liab und klein,
durt hängt die heil'ge Muttergottes,
geschmückt mit ihrem Gnadenschein.[137])

Das Gnadenbild, Ecke Hainburger Straße und Leonhardgasse, war früher ein vielbesuchter und daher besungener Wallfahrtsort. Unweit davon stand die Private Irrenanstalt, geleitet von einem Dr. Svetlin, in der Hugo Wolf seine letzten Lebenstage verbringen mußte.

Ich weiß auf der Wieden ein kleines Hotel
in einem verschwiegenen Gäßchen...

Nach dem Ersten Weltkrieg – ist es nicht traurig, daß wir in einer Zeit leben, in der man die Weltkriege numerieren muß? – also in den zwanziger Jahren war die Wohnungsnot groß. Aristokraten mußten ihre ständigen Absteigquartiere aufgeben, und die ersten Stundenhotels wurden diskret eröffnet. Dadurch kam dieses Lied genau zum richtigen Zeitpunkt, 1923, heraus und fand riesigen Anklang: man sang es begeistert, und jeder Verliebte ernannte seine Partnerin taxfrei und anachronistisch zu seinem Komteßchen.[138])
Später schrieb Robert Stolz eine einschmeichelnde, eigentlich gar nicht wienerische Weise:

Komm in den Park von Belvedere,
komm, diese Nacht ist süß und schwer...[139])
Aber das war weder ein Wiener- noch ein Wiedner-Lied, denn in Deutschland sang man einen anderen Text dazu:
Komm in den Park von Sanssouci,
komm, diese Nacht ist schön wie nie...

Aber über diese Schlamperei, die vermutlich tantiementrächtig war, hat sich bis heute noch kein Mensch aufgeregt, und jetzt ist's zu spät.

Der fünfte Bezirk... Halt! Das System, aus jedem Bezirk diesbezügliche Lieder auszuwählen, läßt sich nicht durchhalten, und in Wien ist jede Art von Systematik nicht gerne gesehen.
Außerdem drehen sich »Bezirkslieder« nur selten um wirkliche Ortsbelange; wichtig ist, daß die besungene Gegend wienerisch klingt und sich rhythmisch in die Melodie einfügt:

Zwa aus Ottakring, die passen z'samm,
weil s' doch zwa Zwetschgen san von selben Bam.
Zwa aus Ottakring, des hat an Zweck,
weil s' doch zwa Laberln san vom selben Bäck'...

Wäre dem Alexander Steinbrecher, den seine Freunde Xandl nann-

ten, damals Stammersdorf, Alsergrund oder Oberlaa eingefallen, das Lied hätte wahrscheinlich den gleichen Erfolg gehabt.
Das kleine Café hätte mit der genialen Melodie auch in Fünfhaus, Kagran oder St. Marx stehen können, nur wäre dann – besonders im Fall St. Marx – nur schwer ein so gelungener Reim wie English-Waltz aufzutreiben gewesen. Dazu das schon zitierte musikalische Hinaufhanteln, bitte: da war wirklich die Musik ortsbestimmend. Ebenso beim gar nicht so bekannten Lied, das den zehnten Bezirk besingt:

Da draußt am Favarittna Girtel,
im sogenannten »harben« Viertel,
da braucht ein jungverliebtes Paar
gar keinen Sekt und Kaviar.
Da nimmt der Tschent aus Favarittn
die Favaritin um die Mitt'n:
Jetzt trag ich dich, mein Kapital,
auf meine Bank – im Arsenal.[140])

Jeder Wiener, auch wenn er nur zu Allerseelen mit dem 71er durch den elften Bezirk fährt, kennt die mit dieser Gegend untrennbar verbundene Nationalhymne:

Auf der Simmeringer Had' hat's an Schneider verwaht.

Dieses Lied ist – darüber gibt es sogar Literatur – ein Spottlied auf den aus Ungarn stammenden Schneidergesellen Johann Libényi, der anno 1853 ein Messerattentat auf den jungen Kaiser Franz Joseph versuchte. Er wurde gefaßt und wenig später bei der Spinnerin am Kreuz durch den Strang vom Leben zum Tod befördert. Ganz sicher ist das nicht, denn das Lied ist schon 1842 einmal aufgezeichnet:

Auf der Simmeringer Had' hat's an Schneider verwaht,
mit der Nadel samt'n Öhr, samt den Zwirn und der Scher'.
Erst nach 1860 kommt dann der kaiserfeindliche Parodietext, in dessen zweiter Strophe es heißt:
Und es gschiecht eahm ganz recht, warum sticht er so schlecht?
Die entsprechende »kaisertreue« Version lautet:
's is für alle a Lehr', denn er lebt nimmermehr.

Genug von Simmering, aber apropos Parodietexte:
Der berühmte Lanner-Walzer »Die Schönbrunner« hat eine Menge Parodietexte bekommen:

Jessas Maria – aus'm Wasser
ziagn s' die Schwiegermutter alsa nasser,
schnell die Rettung, Boote her,
sunst darglengan ma s' nimmer mehr.
Laßts die Alte ja net drin,
sunst wern alle Karpfn hin ...
Oder, noch bekannter:
Das Berühren der Figüren mit den Pfoten ist verboten ...

Mit diesen Schönbrunnern soll – nach einer nicht gesicherten Version – die Gesellschaft, die sich beim Dommayer gerne traf, gemeint sein, von dem das schon zitierte Mäderl mit den veilchenblauen Augen nach Haus kommt.[19])
Ansonsten war das kaiserliche Schloß für den einfachen Mann zu hehr, zu entfernt; es ist kein Thema für echte Heurigensitzer.
Wenn man aber ein wenig nachdenkt, fällt einem schon was ein:

Draußen im Schönbrunner Park,
draußen im Schönbrunner Park,
sitzt ein alter Herr, sorgenschwer.
Gibt in aller Herrgottsfrüh
schon für unser Wohl sich Müh',
gönnt sich nimmer fast
Ruh und Rast.

Kein »echtes« Lied, offenbar 1914 zur Stärkung der Moral und der Kaisertreue geschrieben, trotzdem – vermutlich wegen der Musik – allgemein bekannt geworden. Der Schluß ist eines jener pathetischen Gelöbnisse, die man immer wieder – durchaus nicht typisch für Wienerlieder – formuliert und variiert, weil man sich dabei so viel edel vorkommt, obwohl man weiß, daß man lügt: geloben ist leicht, halten ist ganz ein anderer Kaffee.

Was wir können, woll'n wir tun,
laß dir bisserl Zeit zum Ruhn,
liaber, guater, alter Herr in Schönbrunn![141])

Dabei gibt es eine Besonderheit: Ralph Benatzky schrieb zu allen seinen Liedern Text und Musik, aber dieses ließ er von Fritz Grünbaum dichten, der ein ungeheuer witziger Conférencier, aber eher das Gegenteil eines Patrioten-Poeten war.
Von den Intellektuellen ist dieser Kaiser, dem nichts erspart blieb, weil er dagegen nichts unternahm, nach seinem Tod vernichtend kritisiert worden, Karl Kraus nennt ihn einen Staatsfalotten, stellt

aber andererseits fest, daß er das gemütlichste Ungeheuer der Weltgeschichte war. Die Wienerlieder aber reden und singen von einem Kaiserwetter, der Herrgott, die Engerln und der Petrus werden bemüht, zum Kaiserfest die Sonne zu putzen, ein dürftiges Lüfterl wehn zu lassen und dafür zu sorgen, daß d'Feld- und Wiesenbleamaln strahlen.[142])

Dabei geht es wahrscheinlich nicht um die Person, sondern um die Majestät, die den Kaiser in die Nähe des Herrgotts rückt.

Die Haydnsche Kaiserhymne, der Kaiserjägermarsch, der Kaiserschmarrn als Inbegriff der Wiener Mehlspeis, die beim Hinunterfahrn so kitzelt, und ein paar andere musikalische Relikte aus der Kaiserzeit werden sich so schnell aus dem Wiener Repertoire nicht verdrängen lassen.

Marcel Prawy erinnert sich, daß ihm Ralph Benatzky von einer Audienz beim Kaiser erzählt hat, bei der er sein Schönbrunnerlied persönlich vorspielen durfte. Bei der Stelle: »Laß dir bisserl Zeit zum Ruhn« unterbrach ihn Franz Joseph indigniert: »Das Lied ist recht gefällig. Aber dem Kaiser die ganze Zeit du sagen – das geht denn doch ein bisserl zu weit! Ich danke.«

Ein Feindfreund von Benatzky erzählte im Kaffeehaus: »Also begabt ist er schon, der Ralph, aber er weiß es auch. Er ist hier an dem Tisch einmal mit mir nach einer Premiere von einem musikalischen Lustspiel gesessen. Plötzlich fangt's zum Regnen an, und der Regen hat an die Scheiben geklatscht. Der Ralph ist aufgestanden und hat sich bedankt.«

Er war ja wirklich unerhört vielseitig: Mit seinen Lustspielen hat er das Musical vorausgeahnt, vielleicht weil er der erste war, der »Porgy and Bess« von Gershwin ins Deutsche übersetzt hat. Daneben ist ihm eine ganze Reihe von echten Wienerliedern gelungen – wahrscheinlich, weil er aus Mähren war: »Im Paradeisgartl«, die Weltschlager aus dem »Weißen Rössel«, das schon zitierte »Kleine Hotel auf der Wieden« und: »I muaß wieder amal in Grinzing sein«.

Eine garantiert unbekannte Anekdote wird von einem Augenzeugen, von Gerhard Bronner, erzählt: Er bekam vom Hamburger Fernsehn den Auftrag, ein relativ unbedeutendes, mit Recht vergessenes Lustspiel von Benatzky, der von ein paar Neidern ständig »Benutzky« tituliert wurde, umzuarbeiten. Da er eine Nummer besonders schwach fand, schrieb er, ohne den Komponisten zu fragen, kurzerhand eine neue und baute sie ins Buch ein. Benatzky kam zu den Aufnahmen von Zürich nach Hamburg, hörte sich die Bearbeitung zufrieden an, und als das neue Lied, das ihm eigentlich fremd sein mußte, dran kam, fragte er den Bronner beifallheischend: »Na – was sagst du, wie modern ich damals schon war?«

Wir sind mit diesen kleinen Auflockerungsgeschichten zwar von unserem Bezirksfahrplan abgekommen, aber es hätte kaum noch Stationen gegeben: Wir könnten noch von diversen Kahlen-Bergwerken erzählen, von dem Wiener Hausberg, der in vielen Liedern, einmal sogar als Monte Glatzo, verherrlicht wird, wir könnten die Umgebung einbeziehen, die Hinterbrühl, wo der Wind so kühl weht, könnten das Wegerl im Helenental als Beispiel dafür anführen, daß es auch ohne Klischee-Reime, ohne Wien und ohne Wein echte Wienerlieder für den ganzen deutschen Sprachraum gibt, könnten Neustift erwähnen, das in fünf Liedern aufscheint und in jedem als Reim der Bleistift vorkommt, wir lassen bewußt den Alsergrund, den Brillantengrund und das Liachtenthal aus, übergehen das Lied von Kagran, in dem es heißt: »Kagran is ka Bezirk, das is a Weltanschauung!«
Die Wein-Bezirke zu katalogisieren wäre ein lexikaler Größenwahn:
»Draußen in Sievering« ist ein Kunstlied aus dem Film »Fanny Elßler« unter Benützung – des hamma scho gern – einer Strauß-Melodie[143]); a Ladung Sieveringer Wein; Grinzing – schon mehrfach erwähnt, man weiß, daß man winzig drauf reimen kann, weil man von dort ein winzign Affen nach Haus bringt; Nußdorf, Heiligenstadt, Kalvariberg, sogar Stammersdorf und Gumpoldskirchen – nein, jetzt muaß a Ruah sein!
Sowohl die Thematik als auch der Autor sind erschöpft.
Außerdem wird das nächste Kapitel recht anstrengend werden, daher bitte eine kurze Pause vor dem Weiterlesen.

# *I führ zwa harbe Rappen*

Ja – ich weiß: eigentlich heißt es: »I hab zwa harbe Rappen«, aber
es gibt von Girardi über Paul Hörbiger bis Erich Kunz keinen der
zahllosen Interpreten, der nicht unbewußt von der Freude an Vo-
kalfärbigkeit und Tradition beeinflußt wird und daher nicht den
gedruckten Text, sondern »I führ zwa ha –« singt. Aber so weit
sind wir noch nicht.
Von Pferden gezogene Kutschen hat es im 19. Jahrhundert in allen
größeren Städten gegeben, jede Stadt hätte die Chance gehabt, ihre
Rosselenker zu besingen und populär zu machen.
Aber nur in Wien ist ein echter Fiakermythos entstanden – eine
Stadtrundfahrt ist für einen Touristen, der sich einen Fiaker leisten
kann, ein erlesener, verkehrsstörender, aber noch immer obligater
Genuß. Um die Entstehung dieses Mythos hat sich bis heute, besser
gesagt: bis zum Erscheinen dieses Buches, noch kein Mensch gekümmert. Kaum ein Wiener weiß, woher der Name kommt, und in
dieses Dunkel sollte doch endlich die Funzel einiger textbegründe-
ter Vermutungen ein wenig Licht bringen.
In Paris gab es angeblich ein Hotel, das ein frommer Besitzer nach
einem irischen Heiligen »Saint fiacre« benannte. Vor dem Gebäude
standen die ersten Mietskutschen, aber Genaueres darüber, wie der
Name nach Wien transportiert wurde, wissen wir leider nicht; eher
schon, wann das war, denn die erste Erwähnung eines Fiakers in
einem Lied erfolgte 1804. Damals wurde noch Fiacker geschrieben.
Bezeichnenderweise wird ihm schon damals ein kleines Klampfel
angehängt:

> Und es is halt a Freud' um das Fiackerleb'n,
> weil's allaweil thut a klans Geldl abgeben.

Das Klampfl sitzt am Schluß:

> Z'Mariahülf beim »Grün' Thor« geht's oft lästerlich zua,
> da san drei Musikanten und Fiacker gnua.[144])

Ungefähr seit dieser Zeit werden die Wiener in der Literatur gern
mit den lebensbejahenden, sorglosen Phäaken verglichen. Vielleicht trug die lautliche Ähnlichkeit zur Popularität der Fiaker bei?
Woher kommt die spätere Sonderstellung dieser Beförderungska-
valiere, dieser Gummiradlerkommandanten, dieser verschämten
und unverschämten Elite innerhalb der Trinkgeldnehmer?
Es gibt viele Gründe, wenn auch keiner zu belegen oder zu beweisen ist.

Aber irgendwann sollte man doch mit dem Nachdenken anfangen. Also: da war einmal die Möglichkeit, den Standort zu wechseln, die Mobilität, das ungeheure Privileg, nicht zu Fuß gehen zu müssen, ein sonst nur dem Adel zustehendes Vorrecht.

Ein Mensch ohne besondere Erziehung und auch ohne Beziehungen wurde von Rössern gezogen und ragte auf seinem Kutschbock aus der Menge. Der mußte doch bewundert und beneidet werden.

> Vom Lamm zum Lusthaus fahr i's
> in zwölf Minuten hin.

Der Gasthof »Zum Lamm« auf der unteren Wieden muß was Besonderes gewesen sein. Es wird erzählt – schriftlich gibt es leider nichts Genaues darüber –, daß sich Jacques Offenbach dort mit Johann Strauß getroffen habe und mit Hilfe von Straußens Schulfreund, dem Verleger und Agenten Gustav Lewy, Strauß dazu animiert habe, Operetten zu schreiben. Daß Offenbach ihm dabei das Textbuch der späteren »Fledermaus« eingeredet hat, wurde zwar zum Thema für spätere Singspiele, ist aber äußerst unwahrscheinlich.

In einem anderen Lied braucht ein Fiaker vom Graben zum Südbahnhof sieben Minuten. Da ist sicher ein bisserl werbliche Schönfärberei dabei, aber auch die wurde systematisch betrieben und erhöhte den Bekanntheitsgrad. Ein heutiger Taxler im Stoßverkehr braucht die doppelte Zeit.

Dabei war das Schnellfahren schon damals ein Problem:

> Bei an Bezirksgericht, es is a böse G'schicht',
> san zwa Fiaker klagt, weg'n Schnellfahrn, wia ma sagt.
> Der Richter meint recht mild, wobei er menschlich fühlt:
> Wia is denn des nur g'schehn? Naja, mir werdn's glei sehn.

Es folgt die stichhaltige Verteidigungsrede der beiden Rosselenker:

> Da sagn s', de zwa: Herr Richter: mir san zwa Weana G'sichter,
> mir ham zwa schnelle Ross', die Konkurrenz is groß!

(Sprachlich interessant: hier finden wir noch eine ganz alte Form, nämlich einen Dual, eine Zweizahl: »zwa schnelle Ross'« – die Mehrzahl hieße »die Ressa« (Rösser), und das ist ein hübsches Beispiel dafür, daß der Dialekt uralte Formen wie ein Kühlschrank aufbewahrt.)

> Weil wamma langsam zeppeln, tuan d'Fahrgäst' mit uns keppeln.
> Auf des 'nauf spricht s' der Richter frei, und die zwei singen glei:

Rrrrrawie denn, wos denn, wer denn, wo denn?
Fesch und resch, so san mir...[145])

Aber der Refrain hat nichts mehr mit unseren Fiakern zu tun.
Kurz und bündig formuliert C. Lorens in seinen »Bratfischgstan-
zeln« das leidige Problem:

Das Schnellfahrn is verboten von der hohen Polizei,
zwa Gulden kriagst vom Fahrgast,
und Straf' zahl'n kannst dann drei!

Strafe hin, Strafe her – die Fiaker waren die ersten »G'schwinden«.
Nun – beweglich, schnell und aus der Menge ragend waren die
Kutscher in anderen Hauptstädten wahrscheinlich ebenfalls, wenn
auch – wie in einer alten Wagner-Fachzeitung stolz erwähnt wird
– die Wiener Kutschböcke bis zu sechzig Zentimeter höher waren
als zum Beispiel die der Berliner Droschken.
Aber schon zu Maria Theresias Zeiten begannen die Wiener Fiaker
sich ihr eigenes Leitbild (»Image«, falls jüngere Leser diesen Ausdruck nicht mehr kennen) zu zimmern.

Dö Fiaker mög'n gscheckert und auffallend 's G'wand,
san allweil husarisch, tatarisch beinand.

Auf zeitgenössischen Bildern sind sie mit Pelzkappen und fast
mongolischen Schnurrbärten abgebildet. Das mußte natürlich Auf-
sehen erregen und ihre Sonderstellung festigen.
In anderen Texten werden ihre drei Hauptattribute erwähnt: die
Wetschina (Virginia-Zigarre), das Samtjackett und der Stösser.
Diese Kopfbedeckung änderte zwar im Laufe der Jahrzehnte ihre
Form von einer Art Angströhre zu einer braunen Melone, behielt
aber unbeirrbar ihren Namen bei. Angaben über Bartmode wider-
sprechen einander: in diversen Gstanzln ist von einem »fest
g'wichsten Schnauzel« (Schnauzbart) die Rede, dagegen heißt es
im bekanntesten aller Fiakerlieder: »Jed's Schnurrbarthaarl wegra-
siert, als wär' i ein Akteur.«
Sie wollten also ernst genommen werden, die Herren Fiaker, und
ja nicht mit Schauspielern in einem Topf schwimmen; von den letz-
teren hieß es ja bei den »anständigen« Bürgern: »Hängts die
Wäsch' weg, die Künstler kommen!«
Die Fiaker waren nicht direkt hochmütig, aber ungeheuer selbstbe-
wußt:

I sitz droben am Bock,
schau oba auf d'Leut',

und i fahr net an jeden,
nur den, der mi g'freut.

Aber ausgefallene Kleidung und der Habitus des »Sich-Aufpudelns« schaffen noch keine Sonderstellung, da müssen schon auch gewisse Fähigkeiten dazukommen; da war einmal die Kunst des Kutschierens:

A Kutscher kann a jeder werd'n –
aber fahren können s' nur in Wean!

Bald fanden sich für diese Virtuosen des Zügels dienstbare Geister, und diese Tatsache war eine weitere Sprosse auf der Leiter, die zu gesellschaftlichem Erfolg und Ansehen führte:

Und der Herr, der steht auf,
braucht sie weida net plag'n,
und der Bua, der spannt ein
und macht fertig den Wag'n.[146])

Am Standplatz findet er schon einen dienstbaren Geist vor, den Wasserer, der von einem damaligen Chronisten (Friedrich Schlögl) recht abschätzig beurteilt wird: »Die unnöthigste Persönlichkeit ist unstreitig der Wasserer. Der schleppt a Butten Wasser daher, wascht die Radln und hängt den Braunen 's Futtersackl um. Dafua gibt ihm der Fiaker seine anbissene Safaladi in Essig und Öl und sagt: ›Iß ruhig weida, mir is eh z'vül Knofl dabei, i laß mir a Schnitzel richten . . .‹«
Aber sogar dieser arme Wasserer war durch seine Verbindung mit den Kutschern wert geworden, in Liedern erwähnt zu werden:

Die Rösser tua i wassern – und oft mei Alte aa,
die Rösser tuat das g'freuen – mei Alte macht a G'schraa.
I wär' für d'Wassermacher sogar im Parlament,
im Fall, daß sie mich wählerten, der größte Konkurrent![147])

Der Wasserer ist stolz, daß er einem Fiaker dienen darf, und diese Tatsache unterstreicht das gewaltige Sozialprestige dieser Edelfuhrleute.

Als Wasserer steh i am Grab'n
und helf denen Fiakern beim Trab'n.
I hab scho die Rösser vom Bratfisch getränkt,
mi brauchen s' halt mehr, als ma denkt![148])

Reichtum schafft Ansehen, auch wenn es nur ein Reichtum an

Kraftausdrücken ist. Die Fähigkeit der Fiaker, einen potentiellen Gegner verbal »niderzubegeln«, muß beachtlich gewesen sein. Abgesehen davon, daß viele Fiakersprüch' noch heute zitiert werden (und teilweise zu neueren Liedertexten wurden), daß man von Taxlern hört: »Fahr' ma, Euer Gnaden« oder: »Mir werd'n kan Richter brauchen«, abgesehen davon bewundern wir Wiener in diversen Liedern die Wortgewalt unserer Rossebändiger.

Da kommen zum Beispiel zwei Gigerln zum Standplatz, wollen den vorgeschlagenen Fuhrlohn nicht akzeptieren und bekommen eine Schimpfkanonade um die noch feuchten Ohren gezwirbelt, daß beim Publikum das Abreagieren der Aggressionen zu einem reinen Vergnügen wird:

Hörts, ös Fliagnpracker, ös wollts an Fiaker
eppa steigen lassen? – Fahrts g'schwind oh!
Für so Tatschkerlbacher, g'fehlte G'schichtenmacher
stengan mir am Platz vielleicht g'wiß doo.

Den beiden wird geraten, auf einem Mohnkipferl (»Mognbeugl«) zu reiten, sie werden als fehlerhafte Rutenbesen (»weeche Rüatlbesn«) und als »Kalmuckenschädel« apostrophiert, und schließlich heißt es:

Theits ma's nur net stieren, sunst kann enk passieren
und i renn enk mit da Peitschen nach . . .

Woraus man schließen könnte, daß die Fiaker als gefürchtete »schlagende Verbindung« besonders respektiert wurden. Aber dann kommt der ironische, aber erlösende Refrain:

O du süaße weiche, melodienreiche,
harbe, laute Weana Sprach![149])

Die Standesvertretung der Fuhrleute hat besonders ideenreiche und aktive Funktionäre gehabt; sie veranstalteten attraktive Innungsfeste, alljährlich fanden mehrere Fiakerbälle statt, über die auch in den »feineren« Zeitungen ausführlich berichtet wurde. Bei einer Fiaker-Soiree am 8. Februar 1885 spielten im Florasaal von Schwenders Colosseum in Rudolfsheim das Nationalquintett Dänzer mit dem Strohmayer auf, im »Gemüthlichen« war sogar das »fesche Terzett der Gebrüder Schrammel in der Originalbesetzung« zu hören. Das konnte sich kaum ein anderer Berufsstand leisten.

Ein Bildbericht informierte die Wiener, daß der Fiaker Rindersbacher von einer Nordamerikareise mit seiner Partnerin, mit der »Gusti mit dem Lerchentriller« ruhmbedeckt zurückgekehrt war.

Die Amerikaner waren elektrisiert durch die Melodik der Fiaker-
weisen und die Urwüchsigkeit des Vortrags und jubelten den beiden stehend und minutenlang zu.
Das bedeutet, daß die Fiakerzunft schon damals die Wichtigkeit
von Public relations richtig einzuschätzen und einzusetzen wußte.
Auch das trug zum Wachstum des Fiakermythos bei. Fiaker waren
sozusagen Trendsetter.
Man braucht schon eine Portion Selbstbewußtsein, um sich im
Rahmen der Wiener Bürgerschaft so in den Vordergrund zu spielen. Davon kündet die letzte Zeile des Plakats, das zur besagten
Schwender-Soiree einlud und die für das damalige Wien sicher aty-
pisch war:
Beginn – acht Uhr abends. Ende – wann's uns g'freut.
Die Wiener nickten anerkennend: Unsere Fiaker, die traun sich
was!
Zwischen den Großkopferten – also dem Adel und dem Großbür-
gertum – und den kleinen Leuten in den Vorstadtstraßen und -gas-
sen gab es hauptsächlich die Fiaker als echte, von beiden Seiten als
sympathisch empfundene Verbindung, heute würde man sagen:
Kontaktgruppe.
Viele Kutscher hatten tatsächlich eine aristokratische Erziehung:

Als Bua, da war i Stallpage
beim Fürschten Esterház',
der große Stall voll Schimmeln,
dös war mei höchster Gspaß.[150])

Interessant, daß der gebildete Dr. Gustav Pick, der Text und Musik als Amateur verfaßte, weder Esterházy – die ungarische Schreibung – noch die rein lautliche Form Esterhas verwendet, obwohl
er, der »echte« Wiener, in Rohonc (damals lag das heutige Rech-
nitz in Ungarn) geboren wurde, daher differenzieren konnte.
Jeder, der sich vom Roßknecht in blaublütigen Stallungen langsam,
aber sicher die »hinauflassenden« Umgangsformen erarbeitet hatte,
verfügte über eine respektgebietende Arroganz, die in Anekdoten
und Bonmots ihren Niederschlag fand.
Der »Schani mit der Fliagn« erzählt: »Steigt da neulich a Kappelbua
[das waren die Halbstarken der Jahrhundertwende] alser Ung'frag-
ter ein bei mir. I schau eahm an – Gotichkeit, i bin nix neugierig auf
di –, aber er gneißt nix und schafft an: ›Fahren S' mich zum Schneidermeister Vopletal auf die Wieden.‹ Nau – ich mach die Tür auf
und sag mit der g'wissen Betaunung: ›Bürscherl, glei steigst wieder
aus. I kenn kane behmischen Schneider, i fahr nur Grafen!«

Eine andere Kurzgeschichte zeigt die schnelle Reaktionsfähigkeit und den Sinn für pointierte Antworten:
Ein offenbar leicht angeflaschelter Fahrgast steigt ein und sagt: »Hörn S' zua: mi fahrn S' jetztn in die Dingsgassen – in die Ehschowissnstraßen – auf Nummer sechse. Hüü!« – Der Fiaker zögert keine Sekunde und erklärt dem geistesabwesenden Anwesenden: »Wissen S' was, Herr? Sie reib'n ma im voraus zwa Flörln [Gulden], und i fahr Ihnen in die Wurlitzergassn. Wann Ihnen auf der Fahrt a bessere Gassn einfallt, mach ma a neuche Verhandlung. Sie wissen eh: mir werd'n kan Richter net brauchen. Hüüü!«

Sogar ein irgendwie erotischer Hauch mischt sich mit dem Geruch der Roßäpfel, weil die Fiaker nicht nur Billets doux, also süße Briefe abholten und überbrachten, sondern auch die »Porzellanfuhr« kreiert hatten: sie rollten samtweich mit zugezogenen Vorhängen, so daß das Liebespaar ungestört und ungesehen das tun konnte, wonach ihm eben zumute war.
Eines Tages kam ein Gerücht auf, das sich bald als wahr erwies: Kronprinz Rudolf hatte einen Leibfiaker, der Leser hat ihn vorher schon gestreift, den Bratfisch. Dieser Bratfisch hieß wirklich so und ertrug auch seinen Spitznamen, nämlich Nockerl, mit Fassung. Von ihm erfuhr das Volk, daß der Kronprinz sich nicht nur fahren, sondern auch vorsingen ließ und welches das kronprinzliche Lieblingslied war: Das hat ka Goethe g'schrieb'n, das hat ka Schiller dicht'! – Und bei der Zeile »Das is a Wiener, der zu seiner Wien'rin spricht«, da singt die kaiserliche Hoheit immer mit. Die Begeisterung über so viel Volksnähe drang bis in die entlegensten Vorstadtbeiseln, und wieder einmal war der Fiakerbegriff um eine Stufe aufgewertet: »Vursingen tuat's der Bratfisch, nachsingen tuat's der Kronprinz!«
In dem Lied »Fesch und resch« heißt es an anderer Stelle:

Mir ham recht stramm d'Maderln gern,
besonders, wenn s' an andern g'hörn ...

und das führt uns noch einmal zurück zu den Billets doux und den Porzellanfuhren: Daß die Fiaker ab und zu als Zuhälter fungierten, wird oft behauptet, läßt sich aber durch nichts beweisen. Freilich waren sie Liebespaaren gegenüber immer verständnisvoll und konziliant, ein schmattesträchtiger, gebefreudiger Fahrgast wird vermutlich ohne besondere Schwierigkeiten durch seinen Leibfiaker die Bekanntschaft einer lustigen weiblichen Person, die keine Sternkreuzordensdame war, geschlossen haben, aber eine entgeltliche Vermittlung war durch das »Standesbewußtsein« sicher ausgeschlossen.

Hier kommt manchmal ein Einwand: Wenn die Herren Fiaker in diesem Punkt ein so reines Gewissen hatten, warum waren nur ganz wenige von ihnen unter ihren bürgerlichen Namen bekannt? Es stimmt: man kennt fast nur Spitznamen. Da war der »Luftg'sölchte«, der »Modenschädl«, der »Brustfleck« und der »Spinatscheißer«, aber diese Namen dienten nicht der Tarnung, sondern der Offenlegung von Eigenschaften; niemals aber wiesen sie auf irgendeine anrüchige Tätigkeit hin:

Der »Hungerl mit'm eing'nahten Begeleisen« war schlank und steif, der »Pagatl« tarockierte leidenschaftlich, der »Dulliöh-Peperl« hätte ebensogut Rauschkugl oder Oberbsuff heißen können, aber das war damals in Wien so, daß beliebte und originelle Persönlichkeiten mit einem Sondernamen bedacht wurden, so wie man heutzutage einen Orden bekommt.

Ja – aber was war denn mit dem Symbol für Brutalität, mit der Peitsche, die sie auf jedem zweiten Bild in der Hand halten, was war vor allem mit dem Flinserl, das sie im Ohr trugen und das heute für Flitscherlvermieter kennzeichnend ist?

Die Peitsche gehört zur Berufsadjustierung, verwendet wird sie nicht:

A Peitschn, ah, des gibt's net,
uj jessas, nur net schlag'n,
des allerhöchste wär': tsch-tsch, (Zungenschnalzen)
sonst z'reißen s' ma in Wag'n.

Wer da auf sadomasochistische Gedanken kommt, der soll seine Phantasie gefälligst in eine chemische Putzerei tragen. Das Flinserl kommt schon in einer alten Volksweise vor: »I hab a goldenes Schräuferl im Ohrn« (sic!) und gehört zum Berufsbild so wie die Peitsche, der Stösser und die Wetschina.

Sicher waren sie keine Heiligen, und daß fast jeder Fiaker ein paar fesche Mentscher kannte und zu persönlichen Liebes- und Hilfsdiensten heranzog (»'s Madel hülft ma 's Zeugl putzen«), das war überall bekannt. Aber im Grund waren sie konservative Menschen: Der Fiaker Demel hat die Fiakermilli sogar geheiratet, obwohl die Volkssängerin Emilie Turetschek in vielen Zeitungen als »Bringerin der Lust« gehandelt wurde.

Durch sie kam das Fiakermilieu sogar in die Hochkultur: Hugo von Hofmannsthal hat sie im Textbuch seiner Oper »Arabella« mit der Musik von Richard Strauss verewigt.

In einer Wiener Textsammlung mit dem Titel »Schamlose Lieder«
klagt eine verzagte, junge Wienerin ihr Leid:

Zweitausend und vier
is's Numro vom Wag'n.
Schackerl, fahr vüri,
i muaß da was sag'n:
Fahr mi in'n Prada
oder sunsten wohin,
's Gerstl von da Mutta
is eh schon bald hin.
I will kan Fiaker net,
der tuat glei schlag'n.
Dann sagt er: Karnallje,
erscht waschst ma mein Wag'n.
Der Wagen war g'waschen,
die Radln warn g'schmiert,
dann hat mi der Pülcher
ins Findelhaus g'führt.
Im Findelhaus drinnert,
da war' i fast g'sturb'n,
mir sagt der Herr Dokter:
Du kriagst an klan Buam.
An Buam? Ja, den mag i
den hätt' i scho gern,
der muaß, wann er groß wird,
a Fiaka werd'n!

Hier klingt das Thema Brutalität in fast rührender Form an. Das
Volk sieht in ihnen kleine, aber geliebte Tyrannen, und durch solche Lieder wird die Verehrung noch größer.

Viele von diesen Nobelkutschern waren künstlerisch begabt: Da
gab es den Kunstpfeifer Baron Jean, der schon erwähnte Hungerl
soll einen ausgebildeten Baß gehabt und Opernarien gesungen haben, wenn irgendwo ein Klavier und ein Begleiter zur Doppelhand
war; der Bratfisch hat dem Kronprinzen vorsingen müssen, und in
mehreren Varianten wird die Episode erzählt, in der ein Fiaker
seine Kundschaft zu einer Musikveranstaltung führt, dort persönlich auftritt und vom Podium direkt wieder auf den Kutschbock
zurückübersiedelt.
Der Fiakergaul wurde zum geflügelten Dichterroß, auch wenn die
goldenen Pegasus-Äpfel nicht zu geflügelten Worten wurden.

Dann kam ein Paukenschlag und wurde zum Sprung in die internationale Prominenz: das weltberühmte und in neunzehn Sprachen übersetzte »Wiener Fiakerlied« von Oberlandesgerichtsrat Dr. Gustav Pick.

Die Idee, daß Alexander Girardi als Fiaker mit einem echten »Zeugl« anläßlich der Weltausstellung auf dem Rotundengelände aufkreuzen sollte, stammte von Fürstin Pauline Metternich, die bei den Wienern als die »schöne Schiache« bekannt war. Nähere Umstände dieser Sensation werden hier nicht geschildert, sie sind in jedem Buch, das sich mit der Geschichte Wiens befaßt, mühelos und ausführlich nachzulesen.

Wer aber ins Detail geht, wundert sich über die Widersprüche, die in den Schilderungen des Vorspiels zu diesem Ereignis auftauchen. Nach der einen Version hat Girardi nach Anhören des neuen Liedes gesagt: »Des is a Schmarrn, des sing i nie im Leben!« Nach einem anderen Zeitungsbericht kniete er nach dem Vorspiel vor Dr. Pick nieder und meinte fast schluchzend: »So was Schönes hab i no nie g'hört, da muaß Ihna beim Schreiben a Engerl a Busserl geben hab'n!«

Man hat es sich also aussuchen können. Aber die erste Version ist wahrscheinlicher:

In den Memoiren, die der Sohn des Komponisten hinterließ, findet sich eine interessante Stelle:

»Bratfisch, Hirschmann und Rohrer sollten nach dem Wunsch meines Vaters urteilen, ob das Lied brauchbar war oder nicht, weil die Fiaker für ihn musikalische Instanzen waren . . .«

Fiaker als Kunstkritiker! Weiter in den Memoiren:

»Die Jury bestand aus den drei genannten Fiakern und aus drei Aristokraten, Canon, Mundy und Kinsky. Als die Ablehnung durch Alexander Girardi drohte, kniete Baron Mundy vor allen Anwesenden auf das blanke Parkett und betete ganz laut und ernst, daß der liebe Gott den Girardi erleuchten möge, denn dieses Lied sei großartig!«

Sein Gebet wurde offenbar erhört, denn es wurde ein Sensationserfolg. Kurze Zeit nachher war das Lied so populär, daß ein Militärbefehl erlassen wurde, demzufolge das Fiakerlied beim Burgmurrer nicht gespielt werden durfte.

Der Burgmurrer, das war die feierlich-fröhliche Wachablöse auf dem Heldenplatz, die täglich zu einem kleinen Volksfest für die Wiener wurde.

Und warum war das Fiakerlied dort verboten?

Das Militärkommando mußte feststellen, daß »beim Absingen die-

ser neuen Weise das gemeine Volk mitpfeift, zu unordentlichen
Tänzen angeregt wird, daß vor allem die in der Nähe befindlichen
Lohnkutscher mit ihren Peitschen Gewehrgriffe imitieren, damit
ungebührliche Heiterkeit bei der Menge erregen, wodurch der
feierliche Charakter dieser Zeremonie erheblich gestört wird«.
Harry Zohn beschäftigt sich auch mit dem Fiakerlied:
»Es ist wohl nicht von ungefähr, daß Hofmannsthals Gedicht ›Le-
benslied‹ (den Erben lass' verschwenden) zur Melodie von Picks
Fiakerlied singbar ist.«
Mit dem ungeheuren Erfolg dieses Liedes stieg auch sehr das Ansehen, der Bekanntheitsgrad und die Beliebtheit der Wiener Fiaker;
alles, was mit dem Fiakertum auch nur einigermaßen in Zusammenhang gebracht werden konnte, wurde besungen. Es gab ein
Lied von den Fiakerengerln, in dem es heißt:

Fiakerengerln, harrdibix, gibt's a mit'n Stösser fein,
und Scharln (Schläfenlocken), fesch, da gibt's scho nix,
d'Wetschina (Zigarre), dö muaß sein.
A Wolk'n ziagn s' her am Faden
dann sagen s': Fahr' ma, Euer Gnaden ...

In ähnlichen Liedern kommen Fiakermedaillons, Fiakertropfen
und Fiakerlaternen vor, aber kein Chronist, kein Zeitungsmann,
kein Schriftsteller hat sich ernsthaft mit der Geschichte dieser Zunft
beschäftigt. Eigentlich schade.
Das Fiakerlied erzeugte den absoluten Höhepunkt der Popularität
dieses Standes. Es gibt eine Unmenge von Parodien, von denen
einzelne Sondererfolge buchen konnten:

I hab an alten Daimler,
mei Standplatz is am Grab'n,
a so an alte Kraxn,
die bricht ma täglich z'samm ...
Oder eine andere Version:
Ick führ ne kesse Droschke
und komme aus Balin,
nur kenne ick ma leider
noch jarnischt aus in Wien ...

Die Liste der berühmten Interpreten könnte Telefonbuchumfang
erreichen, und immer wieder greifen die Herren Texter zu dem
vertrauten, wenn auch schon leicht vermoderten Bild und erzielen
bescheidene Erfolge.

Stellts meine Roß in'n Stall,
bald kriagn s' zum letzten Mal
a Sackerl Hafer und a Heu . . .[151])

Das ist ebenso ein Erfolgslied der Gegenwart wie:

Aber Hausknecht, mei Peitsch'n, schöne Kellnerin, mein Huat,
und dann fahr ma schön langsam, schön langsam stad furt.[152])

Man könnte diese Betrachtungen ohne viel nachzudenken in einen
gefühlvoll-sentimentalen Nachruf auf die Fiakerherrlichkeit aus-
münden lassen, melancholisch noch einmal das große Fiakerlied zitieren, das Bild von der letzten Fahrt heraufbeschwören:

Da laßts es aber laufen,
führts mi im Trab hinaus,
i bitt ma's aus, nur net im Schritt,
nehmts meinetweg'n die Kreuzung mit . . .

Aber es ist sicher besser, jetzt abrupt zu schließen.
Immerhin war das Kapitel der erste Versuch, ein paar Gründe für
die Entstehung des Fiakermythos zu finden: Beweglichkeit, Eigen-
sinn, Selbstbewußtsein, produktive Beherrschung des Dialekts, Interesse für Kunst und Kultur, Verbindungen zur Oberschicht und
ein Hauch von geheimnisvoll erotischer Dominanz.

# Heut kommen d'Piefkes auf Urlaub nach Wean

Es gibt eine breitgefächerte Literatur über den Widerstand der
»Ostmark« im Dritten Reich mit lobenswerten Bewältigungsten-
denzen.

In den Heurigenliedern, die damals, also von 1938 bis 1944 heraus-
kamen, manifestiert sich keine neue Strömung, es gilt als das alte
Wiener Wort »net amal ignorieren«, und das »treudeutsche« bleibt
vor geschlossenen Türen.

Einwirkungen der Reichshauptstadt Berlin waren nicht festzustel-
len; die meist norddeutschen Goldfasane, die Parteigenießer, die
aus dem Altreich nach Wien versetzt wurden, um die Wiener
Schlappschwänze auf Vordermann zu bringen, hatten – zumindest
im Anfang – ganz andere Sorgen als die Erstellung von Richtlinien
für die Gleichschaltung von Wiener Texten.

Man kann – wenn man will – diesen seit uralten Zeiten fortbeste-
henden Traditionalismus so deuten, daß der Wiener nicht einmal
auf dem Heldenplatz gewillt war, den mit ungeheurer Propaganda
aufgezwungenen Hurra-Patriotismus zu Kenntnis zu nehmen. Wenigstens nicht musikalisch.

Offiziell waren natürlich alle Werke, die nicht von rein arischen
Urhebern stammten, von einem Tag auf den anderen verboten.
Aus Berlin kam denn auch bald ein Pamphlet, ein Büchlein, das die
Namen und sogar Werkverzeichnisse aller verbotenen Komponisten und Autoren enthielt. Es betitelte sich »Judentum und Musik«
und enthielt ein ABC jüdischer und nichtarischer Musikbeflissener.
Erschienen im Brücken-Verlag, München, brachte schon die mit
nordischer List erstellte Liste im Titel das neudeutsche Sprach- und
Stilgefühl zum Ausdruck: daß man einen nicht vom Sippenamt zu-
gelassenen Komponisten als musikbeflissen bezeichnete, das war
aber schon wirklich ein Genieblitz!

Beim Heurigen und im gemütlichen Kreis wurden solche Erlässe
völlig übersehen; für normale Bürger war es absurd, nach den
Großeltern einer Melodie zu fragen.

Von den Katastrophen, die sich damals hinter den Kulissen diver-
ser Gestapo-Gebäude abspielten, erfuhr die Allgemeinheit überhaupt nichts. Die Betroffenen waren entweder verhaftet oder mit
der Anschaffung von Ausreisepapieren beschäftigt. Wenn das nicht
der Fall war, gebot es die primitivste Vernunft, keinem Menschen
etwas zu erzählen. Wem hätte es schon genützt?

Was den einst so geliebten und jetzt so unerwünscht gewordenen

119

Wienerliederschöpfern zugestoßen ist, erfährt man erst nach dem Krieg, aber auch nur durch Erzählungen, Interviews in Zeitungen und persönliches Bemühen. Ein Buch, das sich mit diesen Schicksalen beschäftigt, steht noch aus.

Nur ein Beispiel unter vielen:

Gleich nach dem »Anschluß« kamen mit anderen unbescholtenen Kollegen Hermann Leopoldi und Dr. Fritz Löhner-Beda ins KZ Buchenwald.

Den beiden wurden gewisse Erleichterungen in Aussicht gestellt, wenn sie ein passendes Lagerlied schrieben, das Disziplin und Arbeitseifer steigern sollte.

Kommentar des Lagerkommandanten: »Ihr zwei habts doch die Lieder wie ›Das is a Wein‹ und ›In einem kleinen Café in Hernals‹ geschrieben, da wird euch schon was zu eurem jetzigen Aufenthalt einfallen!«

Die beiden schrieben die grimmige Hymne:

O Buchenwald, ich kann dich nie vergessen,
weil du mein Schicksal bist.
Wer dich verließ, der kann es erst ermessen,
wie wunderschön die Freiheit ist ...

Den beiden Autoren waren für die Abfassung dieses Liedes zehn Mark zugesagt worden und wurden auch ausbezahlt. Ein Kapo, ein charakterloser Häftling, der sich zu Aufseherdiensten bereitgefunden hatte, nahm ihnen das Geld weg, sie haben davon nie einen Pfennig verwenden können.

Dr. Löhner, dem man »monarchistische Umtriebe« vorwarf, kam bald danach ums Leben, seine Todesursache bleibt ungeklärt. Hermann Leopoldi bekam durch Freunde in Amerika ein Affidavit, eine Art Einreisebewilligung – quasi im letzten Moment, denn ab 1939 war das nicht mehr möglich – und wurde entlassen. Ihm war überhaupt nichts vorzuwerfen, außer daß er Jude war. Nach seiner Rückkehr 1948 wurden dann einige Wienerlieder, die er in der Emigrationszeit geschrieben hatte, in Wien begeistert aufgenommen: »Der Onkel Leo aus Montevideo« und der Seufzer »Ja, da wär's halt gut, wenn man Englisch könnt'« wurden so gesungen, als wären sie fröhliche Souvenirs an eine wirklich gar nicht fröhliche Zeit.

1939 wurde in Wien das Straßenmusizieren kurzerhand verboten. Unter dem Motto »Im Dritten Reich gibt es keine Not« beseitigte man zwar nicht die Krankheit, aber die Symptome. Das Volk sollte den Eindruck haben, daß es schlagartig besser geht. Daß es immer besser in den Krieg gehen sollte, das war damals noch nicht bekannt.

In den Kriegsjahren entstand eine Reihe neuer, später sogar populär gebliebener Wienerlieder, die eine gewisse Gemeinsamkeit hatten: sie enthielten auch nicht das kleinste Fuzerl eines nationalsozialistischen Gedankens.

Aus einigen konnte man sogar Spuren von Opposition herauslesen, wenn man wollte – und die Wiener wollten das offensichtlich, sonst hätten sie diese Lieder nicht akzeptiert – man konnte sich mit der Vergangenheit identifizieren und die neuen Linien bis zur Unkenntlichkeit verdrängen; aber solche Linien waren nur in Spurenelementen erkennbar.

Begeistert wurde 1939 ein neues Lied aufgenommen:

Mir Weaner san Lampln, mir Weaner san guat,
mir hab'n aber trotzdem a Hirn unterm Huat!

Das konnte man wunderschön als Reaktion auf die Propagandawalze empfinden, die jede eigenständige Meinungsäußerung zu einer Verhaftungsgefahr zu machen drohte.

Mit besonderer Inbrunst wurde die Stelle gesungen, die auf die ungebetenen Gäste in braunen oder schwarzen Uniformen Bezug nahm und die man einheitlich nur in diesem Sinn verstand:

Des kost' uns an Lacher und regt uns net auf,
weil auf so an Schrockn, da trink ma ans drauf,

und jetzt wurde die Bezugnahme besonders deutlich:

Mir schwab'n alles abi, was uns so derrennt,
das is unser Wiener Patent!

In der Vorstrophe war der Text fast noch deutlicher:

Was, se san ka Weana net? Hörn S', da tan S' na lad,
wann S' a waß Gott wer sunst san,
in Wean san S' abedraht![153])

Die Themen der in diesen tausend Jahren erschienenen Lieder waren womöglich noch nostalgischer als gewöhnlich: man besang den Herrn Kanzleirat, der seine beste Chance verpaßt hatte, man schwärmte vom alten Nußbaum, der noch himmelblaue und nicht SA-braune Zeiten gesehen hatte, und man stellte sich plastisch vor, wie die Welt ringsum versinkt, »wenn ein alt's Wiener Liedel ein Märchen erzählt«.

Diese und viele andere neue Lieder wurden akzeptiert, weil sie eine Art Flucht aus der Gegenwart ermöglichten, und sie wurden, natürlich mit den altbewährten vermischt, solange gesungen, bis der große Tschinellenschlag jeder Heurigenstimmung endgültig »die Gas ohdraht« hatte.

Auf eine seltsame Art wurde 1944 ein Lied populär. Zu dieser Zeit wurde in jedem zweiten Haushalt in Wien der »Londoner« gehört, die BBC-Nachrichten wurden eifrig kolportiert, und das Pausenzeichen wurde zur Kennmelodie der Bekehrten; man begrüßte einander mit Bumbumbum-bumm, mit den Anfangstakten der Schicksals-Symphonie, der V. Beethovens.

Jahre vorher war in Friedenszeiten ein Lied von einem Unbekannten erschienen, hatte einen braven Durchschnittserfolg und wurde wieder ad acta gelegt. Jahre später, im Bombenjahr 1944, wurde das Lied wieder bekannt, überall, wo man noch in privaten Kreisen Wiener Musik produzierte, wurde es gespielt und gesummt. Warum eigentlich?

Der erwähnte »Londoner« hatte in seinen deutschsprachigen Sendungen für Österreich das Lied wiederentdeckt und ein paarmal gesendet. Kurz nachher erschienen die Wiener in den Musikalienhandlungen, zelebrierten zuerst den damals bereits stereotypen deutschen Blick (Achtung, Feind hört mit!) und kauften dann dieses Lied, das keine wie immer geartete Widerstandstendenz hatte; es ging so:

> Denk dir, die Welt wär' ein Blumenstrauß,
> und zwischen Rosen guckt Wien heraus.[154])

Durch die furchtbaren Bombenangriffe auf die Perle, die durch den Nazikrieg jetzt die neue, entsetzliche Fassung bekam, die der Führer ihr auf dem Heldenplatz versprochen hatte, war die Vorstellung vom Blumenstrauß so eindrucksvoll geworden, daß man sich damit zu trösten versuchte.

Noch wichtiger: wer dieses Lied damals sang, dokumentierte damit, daß er Ausland hörte und somit dagegen war.

Diese Geschichte wird von Hofrat Rudolf Sieczynski in seinem Buch »Wienerlied, Wiener Wein, Wiener Sprache« überliefert, leider ohne Einzelheiten, vor allem ohne die Namen derer, die damals in London für Österreich Programm erstellt, gesprochen und gesungen haben. Der Autor erinnert sich an einige, die in den dreißiger Jahren in den Kleinkunstbühnen gewirkt haben, die großartige Texte und Melodien geschrieben haben, aber so ganz ohne Schriftbelege, nur frei aus dem Gedächtnis – nein, daß erzählt er nicht.

Vereinzelte, mit Recht recht schüchterne Versuche, an deutsche

Stilrichtungen zu erinnern und Goebbels-Reklame verkleidet und gereimt unter wienerische Melodien zu legen, gingen ausnahmslos in die Hosen.

Mit starker Unterstützung der Reichskulturkammer wurde einmal ein Lied in Wien gestartet: »Kleine Wolke, zieh hin nach Wien.« Dann hieß es: »Sag dort, wie ich traurig und einsam bin.« Es fand sich ein rührender Zweizeiler in der Vorstrophe:

Wenn überm Kahlenberg du spürst, ach, unsern süßen Wiener
Wind,
verstehst du, daß nach Wien sich sehnt ein Wiener Kind?[155])

Selbst dieser herzergreifende Reim konnte dem Auftragswerk keinen Erfolg bringen. Da hörten die Wiener nämlich die preußische Nachtigall durch den Kunsthonig tapsen.

Im Jahr 1942 erschien, vermutlich für die Gaue Oberdonau und Niederdonau, wie dem Titel zu entnehmen war, mit guter Musik von Karl Föderl:

Wanderschwalbe aus dem Donautal,
du bist flinker als der Sonnenstrahl.[156])

Die Schwalbe wird ersucht, mit Lichtgeschwindigkeit durch den blauen Raum zu fliegen, über dem Wienerwald ein bißchen haltzumachen und jeden Baum herzlich zu grüßen.

Wem der Refrain nicht genügend volks- und parteigenössisch vorkam, der erfuhr aus der Vorstrophe, die damals Fers (Vers) genannt werden mußte, daß dieses Lied von höherer Stelle für das Afrikakorps bestellt worden war:

Fern im Süden, überm blauen Meer
(das bisher noch nie in einem Wienerlied aufgetaucht war und zum Heurigen wie Streusalz zum Schlagobers paßt)
schweigend liegt die Wüste öd und leer.
Leise knirscht der Sand vorm grauen Zelt,
wo ein blonder Bursche Wache hält.

Obbergetittelt: Wienerlied und langsamer Walzer.

Solche von oben gesteuerten Mut-Machwerke blieben Versuche am untauglichen Subjekt. Davon abgesehen kam es aber im gesamten großdeutschen Raum zu einer gar nicht leicht verständlichen Beliebtheitswelle für Wienerlieder. Mit der Nachfrage stieg natürlich auch das Angebot.

Es waren aber nicht die Wiener – oder nur wenige –, sondern mehr oder minder begabte Text- und Musikschöpfer aus allen Gauen des Altreiches, die sich nun an den Trog drängten, der tantiementrächtig und vorher unbeachtet für jeden Reichskulturkammerbeflissenen zur Verfügung stand.

Der Ordnung halber sei vermerkt, daß es auch schon früher – wenn auch aus anderen Beweggründen – solche Versuche gab: Schon Hans Sachs dichtete 1500 und etliches einen Lobspruch auf die Donaustadt Wien, der nur mangels passender Musik nicht bekannt wurde, das kann ruhig zweimal erwähnt werden.

»In Dornbach drüben, da weiß ich ein Haus« ist ungefähr 1927 erschienen.

Eine durch und durch wienerische Melodie. Sie stammt von dem Amerikaner Jerome Kern, der kein Wort Deutsch konnte.

Der Text allerdings ist echt wienerisch. Ihn schrieb der Brünner Fritz Grünbaum.

> »Ja, ja, der Wein is guat, i brauch kan neuen Huat,
> i setz mein alten auf, bevur i a Wasser sauf . . .29)

Das ist eine alte Wiener Volksweise, aber der Name des Texters gibt dem Leser eine Watschen – hätte sich der Joe Griebitz nicht wenigstens vom Joe auf Peperl umtaufen lassen können?

»Sag beim Abschied leise servus« kennt und singt man heute noch überall.

Musiker wissen, daß die Musik tontönlich von der »Blinde-Kuh-Polka« abgeschrieben ist, und die stammt von Johann Strauß. Aber auf den Noten steht: Musik von Peter Kreuder, und der war aus Aachen.

Noch so ein paar Transplantationen, gegen die übrigens gar nicht polemisiert werden soll, denn Wien war immer weltoffen für gute Lieder.

> A klan's Laterndl und a klane Bank,
> in Nußdorf draußen am Beethovengang.

Wer wollte glauben, daß dieses Lied mitten im Krieg (1941) von dem Berliner Waldemar Gibisch in einem Hamburger Verlag herausgebracht wurde? Er schrieb sowohl die Musik als auch den Text, und das nach kaum einem Jahr Tätigkeit als Kapellmeister der Revue-Bühne Femina in Wien!

Wenn man es weiß, fällt einem schon das eine oder andere Gerstenkorn ins erstaunte Auge: »Schon die Frau Mutter hat's Laterndl kennt« – das müßte richtig »kannt« heißen – und statt »daß vor Sehnsucht dir die Träne tropft« oder »sag adjö und küß ihr noch das Haar von Gold« hätte ein Wiener vermutlich etwas anderes geschrieben, da haut dem Gibisch der Preuß' schon ganz gewaltig ins Gnack, aber sonst ist es ein hübsches Lied, da kamma nix sagn! Musik kennt keine Grenzen, der Waldemar hat damals eine Freude gehabt und die Wiener ein neues Lied.

Theo Prosel wird von den Bayern als ihr großer Kabarettdichter reklamiert. Daß er aus Wien stammt, verdrängen sie. Dagegen war Ludwig Schmidseder ein beliebter und beleibter (135 Kilo ohne Zuwaag') niederbayrischer Komponist. Von den beiden stammt: »I hab die schönen Madeln net erfunden«, sie haben es 1938 in Berlin herausgebracht.

> An der Donau, wenn der Wein blüht,
> klingt ein Lied von Haus zu Haus,
> zieht durchs Herz mir, zieht auf Flügeln
> (wie kommt es mit Flügeln durch das Herz?)
> in die weite Welt hinaus.[129])

Völlig ohne Begründung zieht das Lied dann nach Süden wie ein Zaubergruß aus Wien, wurde tatsächlich als schwungvoller Walzer ein Erfolg, und die Musik erschien im Ufaton-Verlag Berlin und verbrauchte gleich zwei Komponisten zu ihrer Herstellung: Franz Grothe und Alois Melichar, beide eindeutig nicht aus Wien.

Hier hören unsere Beispiele auf. Wer weiß weitere?
Wär' ganz interessant.


Besonders groß war die Beliebtheit der Wiener Filme in dieser schweren Zeit, wahrscheinlich weil die Wiener doch Meister im »Leichtnehmen« waren und in dieser Beziehung zu Vorbildern wurden.

Dazu kam die Schwärmerei für Hans Moser und Paul Hörbiger, die beide weder innerlich noch dem Aussehen nach Angehörige der »Herrenrasse« waren. Aber sie zählten zu den gefragtesten Filmgrößen, so daß vom Promi, so hieß damals das Propagandaministerium, also von Goebbels – wenn auch wahrscheinlich mit einem verbissenen Zähneknirschen – immer neue Wiener Filme, Wiener Musik und Wiener Typen bewilligt und von der Wien-Film gedreht wurden.

Der letzte Film, der erste Farbfilm, der knapp vor dem politischen Drehschluß in Wien abgedreht worden ist, hieß »Weaner Madln«, und Willi Forst hat im privaten Kreis einiges über die Schwierigkeiten, die er mit diesem Werk hatte, erzählt. Der Autor hat sie von Curd Jürgens wieder erzählt bekommen, aber das gehört nicht mehr ganz zum Thema.

In diesen Wiener Filmen wollte man auch immer wieder passende Musik hören, und die konnte das Promi beim schlechtesten Willen nicht verbieten. Aber man paßte in Berlin höllisch auf, daß diese Lieder nicht allzu patriotisch alt-österreichisch wurden.

In dem Film »Schrammeln« setzten die Drehbuchautoren energisch durch, daß ein wunderschönes und sehr bekanntes Altwienerlied vorkam. Der Text war zumindest bei den Leuten in und um Wien als bekannt vorauszusetzen; bei der Zensurierung wurde eine wichtige Passage offenbar übersehen, und das Kinopublikum hörte den Originaltext von Wilhelm Wiesberg:

Wer no in Wien net war und Linz net kennt,
wer net in Graz drin schon spaziern is g'rennt,
wer Salzburg net hat g'sehn, das Paradies,
hat kan Begriff davon, was Öst'reich is.[157])

Ein paar Tage nach den Musikaufnahmen gibt es einen harmlosen Krach zwischen Ernst Marischka, der Drehbuchautor, Regisseur, Mitproduzent, der also alles mögliche, nur kein Nazi war, und irgendeinem Unterläufel, das sich mit dem Parteiabzeichen überall wichtig macht. Daraufhin läßt sich der braune Vogel mit der Reichskulturkammer verbinden und informiert die zuständige Dienststelle, daß in dem Film das überaus subversive Wort »Österreich« unverhüllt ausgesprochen wird. Und ob das der Führer weiß.

Empörung, Debatten, Beleidigungen, Entscheidung durch den weißglühenden Draht: Das Wort muß raus! – Daraufhin Interventionen, Verhandlungen, Kostenvoranschläge für Änderungen.

Ergebnis: die inkriminierte Stelle wird neu aufgenommen. Statt »was Öst'reich is« wird gesungen »wie schön das is«.

Der Film wird auch heute noch ab und zu im Fernsehen gezeigt, und wer gut aufpaßt, weil er die Geschichte jetzt kennt, merkt ganz genau den Tonsprung, die Klebestelle, den scharfen Schnitt, der damals kriegswichtig war.

Solche (und viele ähnliche) Vorfälle konnten aber die Beliebtheit des Wiener Dialekts und der Wiener Melodik nicht mindern.

Ernst Arnold war durch viele eigene Kompositionen bekannt geworden, jeder Straßensänger sang sein »Haduu, nur haduu uhund wiehieder duhu, sonst akeine auf ader haWelt«. Ebenso bekannt war: »Da draußen in der Wachau, die Donau fließt so blau«. Er gab ein Gastspiel in Berlin. Programm: eigene und fremde Wienerlieder; Glanzpunkt: Auftritt als Fiaker mit »I führ zwa harbe Rappen« – ganz große Begeisterung.

Einige Tage später kommt man drauf, daß dieses Lied keinen, weder einen großen noch einen kleinen Ariernachweis erbringen kann, Ernst Arnold wird vom Podium abgeführt und nach Wien abgeschoben.

Die Presse wurde zwar nicht eingeschaltet, weil sie ja gleichgeschaltet war, aber irgendwelche Berichte drangen doch nach Wien durch, und einige Tage später, am 10. August 1942, findet sich in der Wiener Ausgabe des »Völkischen Beobachters« folgende Notiz: »So fröhlich kann das monotone (!) Fiakerlied des unbegabten Juden Gustav Pick gar nicht gesungen werden, daß der deutschblütige Wiener nicht instinktiv gegen jeden rassisch minderwertigen Einfluß protestiert.«

Innerlich hat der Wiener damals gegen ganz andere Einflüsse protestiert, und sein Fiakerlied hat er ganz bestimmt niemals als monoton empfunden.

Dazu noch ein Zitat aus dem Jahrbuch des österreichischen Volksliedwerks, Band 33, Wien 1984: »Sofern die ostmärkische Gemütlichkeit sich nicht gegen die Arbeitsmoral oder gar gegen den Kriegseinsatz richtete, versuchte die NS-Diktatur die Wienerlieder sogar für sich zu nutzen, sie sollten die Widerstandsfähigkeit stärken. Trotzdem wurden die Kontrollen immer rigoroser, und man versuchte Lieder von nichtarischen Komponisten völlig auszumerzen. Das Denunziantentum blühte; es gab viele Anzeigen gegen Heurigenwirte, bei denen man Werke von Edmund Eisler, Kálmán, Abraham, Leopoldi, ja sogar von den Altwiener Komponisten Adolfi, Krakauer, Ehrenzweig, Pischinger und vielen anderen nicht ganz deutschblütigen hören konnte.«

In den letzten Jahren des Krieges wurden immer mehr Wienerlieder mit Parodietexten unterlegt und begeistert hinter vorgehaltener Hand gesungen. Einige dieser Kontrafakturen wurden nach dem Krieg gesammelt und abgedruckt, die meisten sind natürlich verlorengegangen. Aber zwei Beispiele sollen hier gebracht werden:

Jedem Wiener glänzt das Auge,
pocht das Herz, die Wange glüht,
wenn er nach Berlin und Hamburg
seinen Steffl wieder sieht.
Draußen heißt's: Hör nur den Führer,
lerne schweigen, Feind hört mit.
Hier in Wien heißt's: Halt die Goschen,
weil: wanns d' motschkerst, gehst verschütt!

Wenn im Norden von Großdeutschland

man auch manches gerne hat,
mit dem Pudding, den s' dort kochen,
damit picken wir Plakat'!
Auf Granit werd'n s' bei uns beißen,
die SS und die SA,
weil wir sch ... pfeifen auf die Preußen,
und wir schrein net gern hurra!

Da blickt der Steffl lächelnd auf uns nieder . . .[49])

Der Refrain war auch für den erbittertsten Parodisten zu heilig
und wurde daher nicht verändert. Außerdem sangen da schon alle
Zuhörer mit.

Ein anderes Lied, das mitten im Krieg, 1942, herauskam, wurde sofort zu einer Art Volkshymne, weil es in der Phantasie die
Wunschträume der Wiener, ob sie nun an der Front standen oder
zu Hause den Bomben auszuweichen versuchten, in einer recht
skurrilen Form realisierte: die Engerln kommen auf Urlaub nach
Wien, und es ist aus mit dem Krieg:

Heut kommen d'Engerln auf Urlaub nach Wean,
denn durt san s' z'haus, drum hab'n s' d'Weanastadt gern.[158])

Aber der Originaltext wurde nur ganz kurze Zeit gesungen. Schon
nach ein paar Monaten war eine Parodie viel populärer geworden.
Denn die meisten Wiener waren damals schon wieder oder noch
immer dafür, daß man dagegen ist, und sangen daher nur noch die
Kontrafaktur:

Was is denn heut nur los? Was is denn plötzlich g'scheg'n?
Es san so überfüllt die deutschen Panzerwäg'n.
An Weana, den i frag, den trifft erst fast der Schlag,
dann fallt ihm ein der Grund für diesen Einmarschtag:

Heut kummen d'Piefkes auf Urlaub nach Wean,
da gibt's was z'fressen, und des ham de gern.
Es spüln no a paar Schrammeln, an Wein gibt's im Schleich,
die Piefkes, die woll'n nimmer »Heim in ihr Reich«!
Hinter an Bam steht der Göring und lacht:
Des hat der Adolf schon sehr gut gemacht!
Der Petrus im Himmel schlagt z'samm seine Händ':
Weanastadt, Weana Leut' – euch ham s' derrennt.

Es gab natürlich noch eine Unmenge private, nie gedruckte Lieder,
die nur in vertrauten und quasi nazisicheren Kreisen vorgetragen

wurden, wenn überhaupt. Eines kann aus dem Gedächtnis nieder-
geschrieben werden, weil es vom Autor stammt, der die dazugehö-
rige Geschichte und ihre peinlichen Folgen in seinem Buch »Der la-
chende Zweite« auf den Seiten 51 bis 55 ziemlich ausführlich geschildert hat. Es ging so:

> Liaber Gott, drah deine Uhr um ein paar Jahrln zurück,
> weil uns Wienern deine schöne Welt nicht mehr gefällt.
> Ins Dritte Reich paßt ka Hamur und kane Weana Musik,
> und wo die net passen, liaber Gott – da is g'fehlt!

Der Schluß war dann ganz schön pathetisch:

> Liaber Gott, drah uns zurück, wir wär'n so gern wieder reich,
> net reich an Geld – weil des war'n ma nie –
> aber Österreich!

Es hat wohl kaum eine Zeit mit so vielen anonymen Autoren gegeben wie damals – und das in doppelter Hinsicht: nicht nur solche,
die verschwiegen waren, sondern auch viele, die verschwiegen werden mußten.
In diesem Zusammenhang ein Zusatz zu der auf Seite 94 angerisse-
nen Geschichte des Lobau-Liedes: Es hatte, wie wir gelesen haben,
zwei Textdichter, den Herrn Klampferer, der sich dann Eckhardt
nannte, und Beda, der durch seine Abstammung untragbar geworden war.
In der ersten Ausgabe des Liedes stehen also zwei Textdichter
drauf. Als es 1939 nachgedruckt wird, fehlt der Name Beda. Von
diesem Zeitpunkt an haben nur noch die Erben des Ariers kassiert.
Nun ja – der Dr. Löhner war ja im KZ umgekommen. Außerdem
mußten die Juristen damals einen völlig neuen Rechtsgrundsatz lernen: Recht ist, was dem deutschen Volke nützt, das hieß zum Beispiel: Recht ist, wenn Juden nicht kassieren dürfen.
Aber – und das ist ein bedeutungsvolles »Aber« – nach dem Krieg
kommt wieder ein Neudruck heraus, auf dem betont wird: Mit
ausdrücklicher Bewilligung des Originalverlegers. Dessen Rechtsnachfolger hätten doch darauf achten müssen, daß der zweite Texter, beziehungsweise seine Rechtsnachfolger, wieder in den Genuß
der Tantiemen kommen. Aber auf dem Neudruck steht nur Eckhardt als Textdichter. Schlamperei? Irrtum? Vergeßlichkeit?
Das ist sicher kein Einzelfall, aber der einzige, der hier belegt und
bewiesen werden kann. Für kluge Pensionisten-Leser, die Talent
zum Detektiv und Zeit für schwierige Recherchen haben, wäre es
eine sehr lohnende Aufgabe, weiteren ähnlichen Beispielen auf die
Spur zu kommen.

Nun noch eine Geschichte, die vielleicht von wissenden Lesern von derzeit noch nötigen Beiwörtern wie »angeblich«, »gerüchteweise« und ähnlichen befreit werden sollte, die Geschichte eines der populärsten Wienerlieder, nämlich des »Grinzinger Dienstmannes«.

Anfang Februar 1938, knapp vor dem »Anschluß«, saßen der Komponist Bruno Uher und der Schlagertexter Fritz Rotter in Wien gemütlich beisammen.

Rotter war ein Wiener, der für ein paar Weltschlager die Texte verfaßt hatte: »Ich küsse Ihre Hand, Madame«, »Wenn der weiße Flieder wieder blüht«, »Veronika, der Lenz ist da« – aber auf dem Gebiet des Heurigenliedes hatte er noch keine nennenswerten Erfolge aufzuweisen.

Bruno, genannt »Bummerl«, hatte sich einen Ohrwurm einfallen lassen, Rotter sollte den Wurm für ein gemeinsames Filmvorhaben mit einem Text versehen, und ihm fiel eine Zeile ein, die das erfüllte, was er selbst immer von einem guten Text verlangte: sie muß die Musik fotografieren.

Damit war das Lied »I hab mir für Grinzing einen Dienstmann engagiert« auf der Welt und wurde zum großen Schlager – schon vor dem Film.

Rotter fuhr nach Budapest zu Filmaufnahmen und hat angeblich mit Uher telefoniert, knapp nachdem die deutschen Truppen in Wien einmarschiert waren: demzufolge war er einverstanden, daß Uher für Text und Musik zeichnet; nach dem Krieg würde man dann abrechnen. Das Lied erschien mit dem Vermerk »Text und Musik: Bruno Uher« im Musikverlag am Schubertring.

Daß Uher viele Wienerlieder komponiert hatte, daß er – mit einem Text von Ernst Marischka – für ein Kaffeehauslied den in Wien seltenen Septimensprung etabliert hatte: »Der Wiener braucht sein Stammcafé genauso wie den Wein«, kurz, daß er den Wiener Musikschmäh aus dem Effeff beherrschte, war in der Branche weithin bekannt: schließlich ließ Robert Stolz nach seiner Rückkehr aus der Emigration seine neuen Werke fast ausschließlich von Bruno Uher arrangieren, teilweise dirigierte Uher sogar die Plattenaufnahmen, und so gab es niemanden, der über die musikalischen Qualitäten des »Dienstmannes« überrascht war. Aber die Tatsache, daß sein Name als Texter nur auf dem Dienstmann und sonst nirgends aufschien, daß die wenigen noch lebenden Freunde übereinstimmend berichteten, daß er nur wenig Verständnis für sprachliche Probleme aufbrachte, was der Autor aus eigener Erfahrung nur verstärkt bestätigen kann, müßte zu denken geben.

Einen mit Bleistift geschriebenen Klaviersatz hat Uher einem lieben

Freund zu einem runden Geburtstag im Jahr 1964 geschenkt, darunter eine Widmung mit Unterschrift, aber keinen Hinweis auf den Text, obwohl dies wünschenswert, ja sogar geboten erschien.

Sozusagen amtlich kann folgendes berichtet werden: 1946 heißt es in einem Brief, den Fritz Rotter am 1. August aus Los Angeles an die eben wieder neu erstandene AKM (Gesellschaft der Autoren, Komponisten und Musikverleger) richtet, auszugsweise:

».. . ich bin überzeugt, Bruno Uher hat den Wunsch, diese Dienstmann-Angelegenheit in fairer Weise aus der Welt zu schaffen . . ., daß mein Name ab sofort auf jeder Neuauflage und auf jeder neu aufgenommenen Platte aufzuscheinen hat, ist zu selbstverständlich, um überhaupt erwähnt zu werden . . .«

Am 24. Oktober 1946 schreibt der Musikverlag an die AKM: »Wir bitten um Kenntnisnahme, daß der Text des Liedes ›Ich hab mir für Grinzing an Dienstmann engagiert‹ von Fritz Rotter stammt. Herr Bruno Uher hatte uns nach dem März 1938 schriftlich erklärt, daß er das Lied getextet hat, so daß wir guten Glaubens sein konnten, vor kurzem aber hat er mit einem Schreiben an unseren Verlag den wahren Sachverhalt aufgeklärt.«

In einem Band mit alten und neuen Wienerliedern, der unter dem Titel »Ewiges Wien« in den frühen fünfziger Jahren vom Eberle-Verlag herausgebracht wurde, findet sich auch das Dienstmann-Lied. Unter der Überschrift steht aber noch immer »Text und Musik: Bruno Uher«.

Nun ja.

Dieses Buch will unterhalten und informieren, aber nicht in den Gatsch hupfen und Wellen schlagen, damit alter Schmutz aufgewirbelt wird.

Die beiden Urheber waren liebenswerte Wiener und Könner in ihrem Fach. Böse Absicht ist auszuschließen, und die Schlamperei ist ja bei uns endemisch.

# Mein Herz, das ist ein Bilderbuch vom alten Wien

Jeder Wiener ist mit unsichtbaren Gummibandln an die guate, alte Zeit ang'spendelt. Zwar bemüht er sich ab und zu, fortschrittlich zu denken – ab und zu auch zu handeln –, aber es bleibt bei der Bemühung, beim untauglichen Versuch. Immer wieder brandet die systemimmanente Nostalgiewelle heran, erreicht den Wiener knapp vor dem energisch geplanten Absprung zu neuen Ufern und – klatsch – reißen ihn die Gummibandln wieder zurück ins Gestern, dorthin, wo er zu Hause ist und wo er sich wohl fühlt.

Denn er war doch einmal wer, er zählt die Beständigkeit stolz zu seinen Tugenden, zu denen natürlich auch die Kaisertreue gehört. Rund sechshundert Jahre hat er die Habsburger verehrt, da wird er seine Denkungsart wegen der lumpigen paar Jahre, in denen er überzeugter Republikaner werden mußte, doch nicht grundlegend ändern!

Daß ein anständiger Mensch sich gerne an seine Jugend erinnert, daß er Geschichte studiert und nichts daraus lernt, daß er all das lobt, was seine tüchtigen Vorfahren angebaut und eingefahren haben, das gehört zum Bild des Homo sapiens in allen fünf Erdteilen inklusive künftiger Weltraumstationen.

In den sechziger Jahren unseres Jahrhunderts entstand sozusagen über Nacht eine »new wave«, eine neue Welle, die man mit dem Spitznamen Nostalgie bezeichnete. Sie bestand darin, daß man alles, was unmodern war, zu lieben begann, und sie kam ganz plötzlich, sozusagen mit einem Rückschlag.

Man verkleidete altes Graffelwerk mit neuen Fremdwörtern, sprach von Recycling und Revitalisierung, die Synthesizer spielten uralte Evergreens für entrückte und entrockte Berufsjugendliche, und alles, was alt und schlecht war, wurde ausgegraben und gewinnbringend versteigert.

Wien bleibt von dieser Neuerung weitgehend verschont – es war ja schon immer in dieser Hinsicht ultraprogressiv.

Besonders in den Liedern ist die alte Zeit immer schön gewesen, sie war entspannt und ohne Managerkrankheit, kurz: ein Ziel, aufs innigste zurückzuwünschen: Wo kriegt man denn die klanen Häuserln, die engen Gasserln, die liaben Menschen mit der echten Bassenaromantik, wo kriegt man denn das alles heutzutag' noch?

Zuwas brauchen wir denn die Gegenwart, wenn wir doch eine so wunderschöne Vergangenheit haben?

Bei der Heanasteig'n, draußt vor der Lina,

da war der Stammtisch von die echten Wiener ...

Dieser elitäre Club bei der Hühnerleiter wird (anno 1958!) so ver-
lockend geschildert, daß man beim Singen den Ärger vergißt, den
man grad mit den Handwerkern gehabt hat, weil sie den Swim-
mingpool vor dem Zweithaus nicht rechtzeitig erstellt haben.
Das hätte es seinerzeit nicht gegeben:

> Herr Doktor, erinnern Sie sich noch ans Zwölferjahr,
> wie nobel der alte Kaiser war?
> Ja, tempora mutantur, die Zeiten ändern sich,
> Herr Doktor, für Sie und für mich![160])

Weil damals war ja alles besser, damals haben die Handwerker
noch für das Geld was arbeiten müssen – und was is heut?
Heute singen wir gläubig und gerührt:

> Wann mi der Herrgott fragert, ob mir nix fehlt zum Glück,
> geh schick mir doch, so sagert i, die alte Zeit zurück![161])

Schaun Sie, Herr Nachbar, äußerlich geh ich ja mit der Zeit, des
macht ma ja schon wegen der Konkurrenz. Aber innerlich is des
anders:

> I trag im Herzen drin ein Stückerl altes Wien,
> ein Stückerl Seligkeit aus dieser Zeit![162])

Um das neue Wien mache ich mir keine Sorgen, um das soll sich
die Gemeinde kümmern, die ist ohnehin der einzige rote Kapitalist
bei uns, weil sie kassiert ja Abgaben, daß man schwarz wird.
Einmal – allerdings nur ein einziges Mal – findet sich sogar ein genauer Zeitpunkt, der uns informiert, wann diese guate, alte Zeit
wirklich stattgefunden hat – und zwar in dem schon auf Seite 24
erwähnten Lied vom Penzinger Kircherl, wo in der weniger bekannten zweiten Strophe das Mäderl mit dem Ohrensausen sich
nach der Rückkehr vom Dommayer ins Bett »schmudelt« und
dann die Wachskerze auslöscht.

> Kaum hat sie die Guckerln geschlossen,
> träumt sie schon vom künftigen Glück.
> Sechts Leut'ln, so war's anno dreißig in Wien,
> und die Zeit, die kommt nie mehr zurück.

In der ersten Strophe heißt es:

> Sechts Leut'ln, so war's anno dreißig in Wien
> in der goldigen, g'mütlichen Zeit.[19])

Was aber war denn wirklich damals so »goldig«?

1830 verursachte ein Eisstoß auf der Donau eine verheerende Überschwemmung von Krems bis Preßburg. Entlang dem Wienfluß werden Cholera-Kanäle angelegt, um die immer wütender um sich greifende Epidemie einzudämmen. Auf der Universität bemüht sich die Polizei, der Studentenunruhen Herr zu werden, wegen »revolutionärer Umtriebe« werden allein in Wien 22 Todesurteile vollstreckt, aber solche und ähnliche Ereignisse werden in Wien radikal verdrängt, ausgelöscht und vergessen: was immer vor ein paar Jahrzehnten passiert ist, wird mit Musik unterlegt und dadurch gemütlich und goldig!

In Wahrheit meint der Wiener ja niemals eine konkrete Zeitepoche, aber er braucht etwas Unbestimmtes, um sich danach zu sehnen, weil es ihm nie erfüllt werden kann.

Das gilt einerseits für seine komplizierte Psyche, andererseits hat diese vorverlegte Vergangenheit einen sehr reellen Aspekt: er identifiziert sich mit seinen Vorfahren, die einst Besitzer und Bewohner einer Weltstadt waren, ihm hat eine ganze Monarchie gehört, deren Motto die Concordia discors, also die zerstrittene Einigkeit, war, und er muß sich immer wieder fragen:

> Wo sein denn die G'sichter, die stets freundlich g'schaut,
> wo sein denn die Wiener, die g'jubelt so laut?

Darauf gibt er sich eine klare Antwort: die »sein« in seiner Erinnerung, in dem Paradies, aus dem er sich nicht vertreiben läßt. Das muß er immer wieder neu heraufbeschwören, um sein höchst ramponiertes Selbstbewußtsein aufzupolieren, um sich fast so mächtig vorzukommen, wie er gerne sein möchte, aber auch vor hundert Jahren gar nicht war.

Er entwickelt eine ungeheure Ausdauer im Nachweinen, immer wieder singt er bis zum heutigen Tag: »Pfürt di Gott, du alte Zeit«, wobei er weder an die scheußliche, aber in allen Neuauflagen beibehaltene Schreibung von »pfürt« für »b'hüt'« denkt – sie ist im Grund ja wirklich unwichtig –, noch fällt ihm auf, wie historisch falsch auch die seinerzeitigen Barden, zum Beispiel der berühmte Carl Lorens, die eigene Zeit beurteilt haben:

> In Erdberg, im Thury und im Liechtenthal,
> wo d'Fenster verschmiert war'n mit Lehm einst einmal,
> wo 's höchste Gebäude ein Klafter war hoch,
> statt s' Haustor is g'west a rund's Loch,
> durt tan s' jetzt ganz riesige Häuser hinbaun,

dö san glei fünf Stock hoch, a jeder muaß schaun,
statt daß dorten wohnert a Graf, a Baron . . .
na: es arbeit't ein Schuster heraust am Balkon![163])

Wenn die Wiener jetzt lesen, daß der Fortschritt selbst in Wien
schon weit über hundert Jahre dauert, könnte er eines Tages zu
den guaten, alten Sachen gezählt werden, und das wär' ja nicht
auszudenken!
Vorläufig aber stehen die vereinigten Nostalgiker noch tapfer auf
dem Standpunkt:

Wie der Radetzky noch a G'freiter war,
waaß jeder, daß die Welt net weiter war.
Aber wenn s' an dem Punkt stehnblieben wär',
das wär' kein Malheur, sicher kein Malheur![164])

Ja, in diesem Lied wird sogar behauptet: »Und tät's heut die
Wiener von damals noch geb'n – des Gwirkst taten s' kaum über-
leb'n!«
Immerhin: demnach sind wir heutigen doch viel stärker als unsere
wehleidigen Ahnen!
Ein wichtiges Thema für nostalgische Lieder war bis zum Ersten
Weltkrieg das Haß-Liebes-Verhältnis der Wiener zu den Böhmen.
Fünfzehn Seiten Novotny, neunzehn Spalten Dvorak und sechzehn Seiten Prohaska (das war der Spitzname für den Kaiser im
Kronland Böhmen: *proházka* heißt Spaziergang, und die Tschechen meinten, daß der Kaiser sie nur so nebenher im Spazierenge-
hen regiere) sind noch heute ein gewichtiger Bestandteil des Wiener Telefonbuches und tragen ein Stück Vergangenheit in die Gegenwart.
Das »Böhmakeln« war ein Wirkungsmechanismus, dessen Anwen-
dung mit Sicherheit die Lacher auf die Seite des Komikers, Dich-
ters oder Sängers brachte. Kam dann noch etwas Kulinarisches
dazu, konnte der Vortragende seinen Erfolg beim Publikum fast
ohne eigene künstlerische Leistung genießen, alle Assoziationen
mit Böhmen und Mähren waren köstlich und komisch: »Po-
widltatschkerln aus der schönen Tschechoslowakei« und ganz besonders die Stelle, wo Latein, Griechisch und Böhmisch kontami-
niert wird:

Denn so ein Tatschkerl, so ein powidales,
das ist doch wirklich etwas Pyramidonales . . .

Das alles schmeckt nicht nur nach Powidl, sondern auch nach einer

Epoche, in der keine Spannungen zwischen Tschechen und Wienern existierten. Aber die gab es nie, außer in der Erinnerung. Die Vergolder-Zitate stammen zum Großteil aus den beiden Nachkriegszeiten.

Um die Jahrhundertwende aber singt der Schneidermeister Nechledil, der keine Zeit zum Schnapsen hat:

> Ich tu ich sehr pressieren, weil ich muß demonstieren,
> mi hams me a Vrsammlung jetz
> im narodni dum (Haus der Nation),
> mit Gmietlichkeit is aus,
> mi werns me Herrn im Haus,
> Pozor (Achtung!) – weil sunst hauns me
> alles grad und krumm![165])

Da donnert es schon leise zwischen den Zeilen; andererseits war es bewundernswert, was man alles »unterm Kaiser« singen und sogar drucken lassen durfte. Der Eiserne Vorhang war noch nicht erfunden.

In Wahrheit sucht ein jeder die Jugendzeit, in der für ihn meist alles schöner und angenehmer war als jetzt. Auch die Erinnerung an kleine Fehler schafft Vergnügen:

> Einmal möcht' ich noch als Büaberl Balln schupfen,
> Wolferl treiben, Raffler steigen, Tempelhupfen ...

Spätestens seit der Arie aus »Zar und Zimmermann«: »O selig, o selig, ein Kind noch zu sein« (Parodie: »Selig, ein Zündloch zu sein«) sind solche Versuche, das Rad der Zeit wenigstens verbal zurückzudrehn, allgemein üblich, aber in Wien arten sie aus:

> Außikraxln bei der kleinen Dachbod'nluk'n,
> dem Hausherrn voller Bosheit auf die Glatz'n spuck'n ...[166])

Zu diesem Lied erzählt der Schmid Hansl, der noch viele der echten Volkssänger gekannt hat, von allen Wienerliedliebhabern stürmisch verehrt wird und zu dem Zeitpunkt, da dieses Buch entsteht, schon über neunzig ist, lebhaft und genüßlich folgendes:
»Also, da is der Schneider Karl mit an Text zu mir kommen, des Jahr kann i dir nimmer sagen, aber des is eh wurst; er derzölt ma, daß er die Zeile scho an Schübl Komponierern zagt hat, aber die ham alle net anbissn und ob i kan guatn waaß, der was a Musik dazua macht. Nau – i les den Text und sag: ›Karl, der Text is a Lettn: Hausherrn auf die Glatzen spucken, des will kaner hörn. Des is ur-

tinör, und urtinör derf a echts Weanalied net sein. Aber wanns d'
de Zeiln ändern tuast und a klasse Musik dafür da ist, dann sing i
des, weil die Idee is leinwand.‹ – Nau is der Kerl a Zeidl wegga-
bliebn, und i hab ma scho denkt, der hat aufgebn. Auf amol steht er
wieder da, der Karl, und sagt, daß der Schima Oskar eine sehr
schöne Melodie dazua g'funden hat. Des mit der Glatzenspuckerei
wird er no ändern, und i soll's derweil scho auswendig lernen. Zwa
Täg, bevur die erste Aufführung hätt' sein sollen, bringt er mir die
neue Zeile, statt ›dem Hausherrn voller Bosheit auf die Glatzen
spucken‹ soll i singen: ›vom Vattern seinen Wein die Halbscheid
abeschlucken‹. Bitte – eigentlich war's ja schlechter als wia der erste Entwurf, aber i hab's g'lernt, weil er so liab nachgebn hat.
Und weil es nicht urtinör war.
Nau – und nachher hab ich es vor einem sehr aufmerksamen Publikum vurtrogn, aber vur lauter Aufregung hab i des Neuche ver-
geßn und wieder de Zeiln mit'm Glatz'nspuck'n außedruckt. Und
– obs d' es glaubst oder net – genau des war dann der Erfolg von
dem Liad. Heut sag i dir was: Urtinörer san die Weana net wordn,
aber die Zeit ist urtinör – und mir soll kaner sagn, daß i net mit der
Zeit geh. – Leider!«

In einem neueren Lied wird diese Tendenz überraschend klar formuliert:

> Am liebsten tät' i s' ausgrab'n, die schöne Jugendzeit,
> viel schöner als die Gegenwart bleibt die Vergangenheit.[167])

Wenn er nur exhumieren kann, der Wiener, dann ist er schon zufrieden und lächelt freundlich zu all den zahllosen Witzen, die darüber gemacht werden.
Bevorzugt werden als immer wieder neue Ausgrabungsobjekte die
Tonheroen: der Schubert – das »Dreimäderlhaus« verdankt seine
Popularität wahrscheinlich weniger den genialen Melodien mit den
fürchterlichen Texten als vielmehr der Tatsache der Exhumierung
der Persönlichkeit mit Kitschausstattung –, der Lanner, der von
einem Brüderpaar aus Schlamperei zum idealisierten Singular
wurde, und vom Strauß brauchen wir gar nicht zu reden: nach
etwa siebzig Liedern, in denen der Walzerkönig zu geeigneten Reimen auf Haus und aus degradiert wurde, hört sich das Zählen auf.
Andererseits ist Wien bekanntlich die Stadt, in der die »Eroica«
und die »Fledermaus« durchgefallen sind, und – was in diesem
Buch eigentlich verschwiegen werden müßte – die Geburtsstätte
von Schönberg, Berg und Webern.

Bitter beklagt sich die enge Wenigkeit der Kulturträger, daß die breite Masse der Wiener Bürger die Dodekaphoniker ignoriert und serielle Musikdarbietungen geradezu sabotiert.

Passen S' auf, Herr – argumentiert vielleicht ein Vertreter der Volksmusikanten – es soll ein jeder schauen, was er treibt und wo er bleibt. Auch bei der Musik gibt's die Katholiken und die Sekten; die einen wollen eine Reihe umkehren, die andern wollen bei an Buschenschank einkehren, aber beide sind Wiener Bürger.

Wir haben ja eh nur drei Einwände gegen die Zwölfton-Dudlerei: erschtens kann ma nix nachsingen, zweitens g'fallt's uns net, und drittens hat das Ganze keine Tradition nicht.

Als 1911 die Harmonielehre von Arnold Schönberg erschien, hatte man sehr bald einen Parodietext parat, und zwar zu einer Melodie, die damals überaus populär war:

> Ja, wenn der Strauß an Walzer spielt,
> da werd'n die Fusserln gleich alle wild,
> 's Blut fangt zum Umawurln an,
> daß ma net ruhig bleiben kann . . .[168])

Das war vermutlich ursprünglich als Rezept gegen Kreislaufstörungen gedacht. Die Schönbergschen Theorien änderten den Text:

> Wann ma vom Schönberg was Neues spielt,
> da werd'n die alten Weana wild,
> weil wem der Lärm nicht convenient,
> dem wird vom Schönberg ane g'schmiert.
> D'Musiker blasen und haun drein,
> 's is wia wann kranke Kinder schrein.
> Der Herr von Schönberg, hört ma, ist
> draußt am Steinhof Hauskomponist![169])

Was neu ist, erscheint dem Wiener von vornherein erst einmal verdächtig, und nur wenn es sich als unbedingt notwendig erweist, übernimmt er es zögernd und erspart sich so die Entwicklungskosten. Er ist von Natur aus kein Zukunftsforscher, kein Erstbesteiger und kein Revolutionär. Von der Zukunft weiß er nur: »Es wird a Wein sein und mir werd'n nimmer sein . . .«[170]), und von der Gegenwart will er möglichst wenig wissen, aber die zeitlose, immerwährende Neutralität paßt recht gut in sein Weltbild:

> Wir san von Natur aus neutral.
> Wir sag'n nach rechts »Küß die Hand«,
> wir san nach links sehr charmant.

Wer recht hat, is uns ganz egal.
Und selber denken, is uns zu riskant.
Es wär' ja schön, sich wo anzuschließen,
nur müßt' ma vorher wissen,
wo hat ma nachher dann am wenigsten Verdruß.
Doch des kann sie kaner vurstell'n,
drum tan ma weiterwursteln
und sind sehr stolz auf den Entschluß:
Wir san von Natur aus neutral.
Des hätt' ma freiwillig g'sagt,
dabei hat eh keiner g'fragt.
Wir sind ein besonders gelagerter Fall:
Wir sind natürlich – und künstlich – neutral![171])

Jeder Poet, jeder Literat, jeder Philosoph, der sich mit dem Phänomen Wien und seinem Zeitbegriff auseinandersetzt, produziert
mindestens einen Aphorismus, durch den er die Verbundenheit der
Stadt mit ihrer Vergangenheit glossiert – sind wir uns doch ehrlich:
hat er nicht recht?
Eine Volkssängerin, die seinerzeit ein bejubelter Liebling in allen
Etablissements und Konzertlokalitäten war, feierte ihren achtzig-
sten Geburtstag bei einem Großheurigen und ließ sich überaus vo-
lens, aber offiziell gschamig und nolens zu einem allerletzten Vortrag eines ihrer berühmtesten Lieder – aus der »untersten Lad'« auf
das Podium schleppen. Ein junger Zuhörer, der die alte Dame
nicht einmal dem Namen nach kennt, wendet sich an einen silber-
weißhaarigen Zuhörer, der sich die Hände wund applaudiert:
»Tschuidigung, Herr Nachbar, aber was is an dera Antiquität, an
dem Lainzergörl scho dran? Stimm' hat s' kane mehr, falsch singen
tuat s', schiach is wia der Zins – warum tuan S' Ihna z'fransen vur
lauter Begeisterung?«
Der Angesprochene, ohne seinen Beifallsorkan zu unterbrechen,
klärt den lästernden Frager auf: »Für mi steht net die oede Dame,
sondern de oede Zeit da drobn' – und jetztn paschen S' g'fälligst
mit, Se junger Tutter, wenn S' a Weana sein woll'n, sunsten können S' an Seniorenaufstand erleben, der si g'waschen hat!«
Die unsichtbaren Gummibandeln sind von einer einmaligen Qualität!
Das Eigenschaftswort alt hat in der Standardsprache eine völlig andere Bedeutung als das fast gleichlautende Morphem im Wiener
Dialekt:
Für den hochdeutschen Philologen ist »alt« gleichzusetzen mit: be-

jahrt, unaktuell, zittrig, verbraucht, aus zweiter Hand, billig, überholt und im Zeitalter der Wegwerfgesellschaft: ein Müllproblem. Dagegen das geradezu mit Ehrfurcht gelutschte Lieblingsbeiwort in den schönsten Wienerliedern, das eine fast entgegengesetzte Bedeutung aufweist, ja, das geradezu ein lächelndes Zauberwort wird: »oed« ist eine fast zweisilbige Melodie und kann bedeuten: vertraut (de oeden Gasserln), bewährt (die oeden Taanz), gereift (a Viertl Oedn, aber sehr hakli), traditionstreu (wir oedn Weana), wertvoll (der oede Steffl) und fast immer: *geliebt* (die guade, oede Zeit)!

# I derf an Wien net denken, sunst fang i an zum Rean

In der Zeit nach dem Zweiten Weltkrieg ist nur eine einzige Melodie aus Wien über unsere Grenzen in die Internationalität gewandert, und die hat keinen Text, den man sprechen könnte, nämlich die Zithermelodie von Anton Karas, das »Harry-Lime-Thema« aus dem Carol-Reed-Film »Der dritte Mann«. Der berühmte Regisseur hat beim Heurigen in Sievering beschlossen, diese fast monoton zu nennende, eigentlich gar nicht wienerische chromatische Übung zum Ohrwurm in seinen Film zu befördern. So hat er diesem weinerlichen Singsang auf die Halbtonsprünge geholfen, und wieder einmal – ähnlich wie rund zweihundert Jahre vorher – wurde die Wiener Chromatik ein Erfolg.

Der Chronist der Chromatik denkt an den Zithervirtuosen Johann Petzmayer, der 1832 von dem kunstfreundlichen Herzog Max in Bayern eingeladen und zum Hofkammermusiker ernannt wurde[172]), reißt sich aber sofort am Riemen, weil er von den alten Liedergeschichten schon weit über Gebühr geplaudert hat.

Die Wienerlieder im Krieg waren als Flucht in die Irrealität gedacht, aber 1945 stand man nur noch vor Trümmern, die Realität war viel zu surreal, um besungen zu werden; vor allem waren die meisten Elemente, aus denen das Wienerlied seine Aufbaustoffe bezog, weggefallen, oder sie waren im Zug der neuen Diätregeln so verändert, daß talentierte Schreiber nach neuen Themen suchten – aber es gab keine.

Wo sollten sie Anregungen für Nostalgielieder finden? Aus den wirtschaftlich trostlosen dreißiger Jahren? Aus den OKW-Berichten? Wie sollten sie vom Wein singen, wenn es keinen gab? Vielleicht von der Erbsensuppe oder von Bezugsscheinen? Von der Liebe, die auch in Wien zum Sex wurde, zum pillengesteuerten Massensport?

Die Dialektwelle landete ein paar Einzeltreffer, aber heute schon wissen wir, daß es höchstens Mehrtagsfliegen waren.

Später wagten sich vereinzelt neue Wienerlieder ans Licht, aber die hatten nur geringen Erfolg und den auch nur, wenn sie Aufbereitungen der alten Klischees waren, denn man war·zu faul, sich wirklich neue Texte zu merken, man hatte andere Sorgen.

So kommt es zu Liedern, die nur aus zwei, maximal vier Zeilen bestehen; obwohl der Wiener müde geworden ist, sich als ewig im Öl befindlichen Alkoholschwamm zu sehen, widmet ein Lied dem Wein wieder einmal »keine« Gedanken:

Den trinkt der Vater gern, die Mutter gern
und auch die alte Tant',
und wann s' a paar Vierterln trunken ham,
dann singen s' mitanand:
Den trinkt der Vater gern, die Mutter gern ...

Und so weiter, immer das Gleiche – primitives Wortgeklingel ohne
Inhalt, ohne Gspaß, und wenn einer vorkommt, dann ist er – nicht
nur zum Kummer vom Schmid Hansl – urtinör:

Doch kaum legt er sich nieder, da tramt dem guaten Mann,
er sitzt in seinem Beisel und sauft sich wieder an ...[173])

Das Wort »ansaufen« findet sich hier zum erstenmal – vielleicht ist
das Zufall, vielleicht auch nicht.
Auch zwei Zeilen waren noch zuviel, es gab einen großen Schlager,
bei dem man nicht einmal mehr darüber streiten kann, ob noch
Wienerlied oder schon »hit«:

Ja, mir san mit'm Radl da.

Oft werden Gags zu kurzlebigen Erfolgen:

Geh, Alte, schau mi net so teppert an ...[174])

Man druckt sogar wirklich unmoralische Zeilen:

Mir ham uns a Auto g'stohlen,
weil wir nimmer radln wollen.[175])

Man hört im Radio gemischte Liedermacher ihre gemachten Lieder trällern und läßt sich von der Industrie berieseln.
Es gab eine Zeit, in der für den Erfolg eines Liedes die Qualität der
Musik, der Einfall, entscheidend war. Die Gegenwart interessiert
sich hauptsächlich für den »sound«, für die Stereowiedergabe mit
möglichst hoher Dezibelzahl und eventuell auch noch für den ak-
tuellen Interpreten.
Das Lied vom »Kleinen Beisel« wurde bekannt, weil es Peter Alexander sang. Bald kam man drauf, daß das Lied eigentlich »Die
kleine Kneipe« hieß, von einem Belgier, Pierre Kartner, stammt
und mit Wien überhaupt nichts zu tun hatte.
Aber dem Peter Alexander ist es hoch anzurechnen, daß er so viele
alte, wunderschöne Lieder mit seiner Stimme und modernem Be-
gleitsound ausstattete und sie damit revitalisiert hat. Er hat viel für
den Bekanntheitsgrad seiner Heimatstadt getan, aber einen neuen
Stil, einen neuen Weg, um neue Lieder unter die Leut' zu bringen,
hat er auch nicht gefunden.

Vielleicht gibt es gar keinen? Vielleicht tötet die Technik die Romantik?

Andererseits muß man ehrlich zugeben, daß die amerikanischen Musicals die Welt erobert haben, weil man über dem großen Teich tatsächlich musikalisches Neuland gefunden hat. Aber auch die besten Übersetzungstexte von »Meiner gerechten Dame« (My fair lady) kriegen in Wien keinen Heimatschein und wollen ihn auch gar nicht. Wenn es einmal eine Renaissance der Heurigenmusik geben sollte, dann muß sie aus Wien kommen.

Im Jahr 1979 hat die AKM, die Gesellschaft der Autoren, Komponisten und Musikverleger, eine Liste der zur Zeit meistgespielten Wienerlieder herausgebracht. Die eine Hälfte dieser Werke ist schätzometrisch vor dem Krieg entstanden, die andere tut so, als wäre sie noch älter. Nicht ein einziges Lied versucht, neue Wege zu gehen.

Aber diese Feststellung trifft auch für alle anderen europäischen Musikzentren zu. Warum sollten ausgerechnet die Wiener den Stein der Weisen ein zweites Mal finden?

Andererseits: warum nicht? Vielleicht fliegt man in hundert Jahren scharenweise mit billigen Großraumschiffen zu einem Satellitenheurigen, weil dort ein neuer Mann mit einem Hand-Synthesizer auftritt. Ganz Wien schwärmt von dem überaus gemütlichen Backgroundsound, auf den er programmiert ist, singt die Lieder mit, die eine neue poetisch-gemütvolle Linie verfolgen, und die musikalische Eigenart elektronisiert die ganze Welt; auch die Nachbarplaneten schließen sich dieser Richtung an und beginnen gemeinsam so lange diese einmaligen Lieder zu summen und zu spielen, bis das Universum zu dem Schluß kommt, einige dieser Lieder zu Welthymnen zu erklären.

Diese Hymnen werden multifunktionell, psychotherapeutisch geeicht, zum Tanzen geeignet und für jeden Menschen leicht nachzusingen sein. Ihre wichtigste Eigenschaft aber wird die wienerische Internationalität sein, die überall neidlos anerkannt, von sämtlichen Agentenringen heftig mit Kleinstkameras und Minirecordern kopiert, aber nirgendwo ganz erreicht werden kann. An einem besonders schönen Tag wird dann vom Kahlenberg aus ein Wiener Rundfunksprecher die Gründung der Weltregierung mit dem Sitz in Grinzing oder Sievering bekanntgeben, und die Wiener werden glücklich sein, Bewohner der ersten Welthauptstadt genannt zu werden.

In einem kleinen Bio-Garten, der in einem Freiluftmuseum in natürlicher Größe die Verhältnisse im Wien des 20. Jahrhunderts zeigt, sitzt dann eine Gruppe von älteren Herren in historischen Blue-jeans-Kostümen, und der Wortführer doziert:

»San scho sehr klaß, de neuchen Taanz, de was ma jetztn in alle fünf Erdteile, auf alle Satelliten und sogar auf die Supernovas hört, aber wann S' mi ganz prefat frag'n, Herr Nachbar, was i persönlich von dera neuchen Welle hoedn tua: I hab a paar Tonbänder von mein Urgroßvatern aufg'hoben, und die spül i ab und zua, wann i allan z'Haus bin – i muaß Ihna sag'n: gegen de steht halt do nix auf!«

# Zurück zu den Quellen

Der Autor ist sich klar darüber, daß das soeben zu Ende gehende Buch eher ein lückenhaftes Essay ist, dem einzelne maligne Leser vielleicht sogar das Adjektiv »schlampert« zuweisen werden.

Er weiß auch, daß der Ausdruck »Essay« sachlich falsch ist, denn ein Essay ist eine Abhandlung, die ein gewähltes Thema kurz, aber geistvoll und vor allem in gepflegter Sprache durchforsten soll. Davon ist in diesem Buch vielleicht wenig zu merken, aber eines stimmt: es ist ein Versuch. Essay heißt Versuch.

Hier beginnen schon die Ausreden, die jeder Wiener parat haben muß: Es gibt kaum Literatur über Wiener Lieder, wenn man von den später zitierten Textsammlungen absieht, viele Angaben sind am Morgen nach einem stimmungsvollen Heurigenbesuch aus leicht getrübtem Gedächtnisprotokoll von Rechnungsrückseiten abgelesen worden, daher schwirren eigene und fremde Meinungen wie schiefe Libellen durch die Zeilen, und wenn ein Leser eine These für völlig falsch erklärt, werden sich garantiert ein oder zwei andere Leser finden, die dem Autor rechtgeben. Viele Textzeilen sind so skurril, daß der Verdacht naheliegt, der Autor habe sie erfunden.

Deshalb folgt nun eine Liste von Buchtiteln und Herkunftsangaben, T heißt Textdichter, M ist die Abkürzung für Musik, also der Name des oder der Komponisten, und wenn bei Verlagsnamen keine andere Stadt angegeben ist, dann ist es ein Wiener Verlag. So soll ein einigermaßen seriöser Eindruck erweckt werden, der Leser darf nicht den Eindruck bekommen, als setzte man ihm aus den Fingern Gesogenes vor.

Es könnte auch der Fall eintreten, daß der verehrte Leser wissen will, wie einzelne zitierte Zeilen weitergehen, von wem die Lieder stammen, und wenn er sich sogar eine dieser alten Weisen anschaffen will, braucht er die Angabe des Verlags.

Also muß man sich die Arbeit wohl machen, auch wenn die Mehrzahl der Interessenten darüber mit Recht hinweglesen wird.

Nur noch ein Wort zum »Versuch«, und das zum ersten- und letztenmal in der Ichform: Meine bisherigen Bücher haben ein so freundliches Echo bei der Leserschaft gefunden, es gab in Massen interessante Anregungen, empörte, aber wichtige Berichtigungen und vor allem überraschende Informationen, die mir auch noch so ausgedehnte Besuche von Archiven und Bibliotheken nicht beschert hätten. Auf ähnliche Brieferln hofft der Verlag auch bei dem vorliegenden Werk und sagt im vorhinein schon jedem Schreiber danke schön.

Das folgende Verzeichnis ist für die eben angeführten Sonderfälle oder für Tüftler erstellt worden. Normale Menschen mögen, bitte, das Buch zuklappen, es ist eigentlich zu Ende.

Zuerst nur die paar Bücher:

R. H. Dietrich, Wiener Volkskunstalmanach, Österreichische Verlags Ges. m. b. H.
Hans Hauenstein, Chronik des Wienerliedes, Jasomirgott-Verlag
Karl Hodina, O du lieber Augustin, Ueberreuter-Verlag
Rudolf Holzer, Wiener Volkshumor, Wien 1943
Eduard Kremser, Wiener Lieder und Tänze, Gerlach & Wiedling
Stasi Lohr, Drum hab i Wien so gern, Molden-Verlag, 1980
Friedrich Schlögl, Wiener Skizzen, neu herausgegeben, aber wo?
Robert Stolz, Servus du! Blanvalet-Verlag Ges. m. b. H., 1980
Otto Stradal, Klingendes Vindobona, Wancura-Verlag, 1962
Harry Zohn, Und 's klingt halt doch so voller Poesie – Versuch über das Wienerlied, Brandeis University, modern Austrian Literature, Vol. 13, No. 3, 1980

Und nun zu den Liedern; sehr viele Rechte hat sich der Bosworth-Verlag gesichert, er wird mit dem Kürzel Boswo erwähnt. Den findet man im Telefonbuch und kann sicherlich den Originalverleger erfahren.

[1]) Das Weanalied. T & M: F. P. Fiebrich, Weselka-Verlag
[2]) Der Wiener Troubadour. T: W. Herbe, M: R. Domanig-Roll, Boswo
[3]) T: W. Wiesberg, M: H. Schrammel, Boswo
[4]) Aus den »Dessert-Tanzln«. Haslinger-Verlag. Volksweise. T: Moser
[5]) Private Mitteilung
[6]) Herrgott, wie schön bist du, Wien! T: H. Hadruba, M: H. Frankowski, Boswo
[7]) Handwerkerspottlied – ohne Autorenangabe. Kremser-Sammlung, Band 2
[8]) Als Manuskript gedruckt, ohne Autoren, Kremser-Band 2, S. 44

<sup>9</sup>) Volkskunstalmanach
<sup>10</sup>) Teufelstram, Volksweise, Kremser-Band 2
<sup>11</sup>) T & M: A. Krakauer, kein Verlag, aber: gesungen von Herrn J. Wittels
<sup>12</sup>) Duett. T: E. Skurawy, M: J. Sioly; als Manuskript gedruckt
<sup>13</sup>) T: F. Prager, M: V. Korzhé, Robitschek-Verlag
<sup>14</sup>) R. Stolz: Servus du, S. 385
<sup>15</sup>) D'Weanatanz san der höchste Spinat. T: F. Prager, M: H. Frankowski, Boswo
<sup>16</sup>) »Wiener Zeitung« vom 13. 11. 1868
<sup>17</sup>) Weißt du, Muatterl, was mir tramt hat. A. Kutschera
<sup>18</sup>) Volkskunstalmanach, S. 18
<sup>19</sup>) Sechts, Leut'ln, so war's. T: F. Allmeder, M: R. Domanig-Roll, Boswo
<sup>20</sup>) Der erste Schnee. T: W. Wiesberg, M: J. Sioly, keine Verlagsangabe
<sup>21</sup>) Für mi lacht ka Sternderl vom Himmel. T: W. Jürgens, M: O. Schindler, Verlagshandlung Zipser, Budapest
<sup>22</sup>) T: Hochmuth & Werner, M: nach alten Schmutzer-Tänzen, Arolds Musikverlag, Berlin 1942
<sup>23</sup>) O du süaße Weana Musi'. T: K. M. Jäger, M: R. Kronegger
<sup>24</sup>) Der Weana braucht kan Heimatschein. T: Hochmuth & Werner, M: O. Schima, Figaro-Verlag
<sup>25</sup>) Volksweise. T: Reinisch-Kugl-Trio, Accord-Edition
<sup>26</sup>) Das Drahn, das is mei Leb'n. T: W. Jürgens, M: A. Kmoch
<sup>27</sup>) Der letzte Werkelmann. T: J. Hornig, M: L. Gruber, Boswo
<sup>28</sup>) T: A. Grünwald, M: R. Stolz, Boheme-Verlag (aus der Operette »Das Sperrsechserl«)
<sup>29</sup>) Ja, ja, der Wein is guat. T: Joe Griebitz, M: H. Strecker, Excelsior-Verlag
<sup>30</sup>) T: J. Hadraba, M: R. Hauptmann, Blaha-Verlag
<sup>31</sup>) T: F. Allmeder, M: K. Haupt, Eberle-Verlag
<sup>32</sup>) T: W. Wiesberg, M: J. Sioly, keine Verlagsangabe
<sup>33</sup>) Das silberne Kannderl. T & M: F. P. Fiebrich, Boswo
<sup>34</sup>) T: K. Schneider, M: S. Fellner, Figaro-Verlag
<sup>35</sup>) Im Kremser-Band 2 nur ein Name angegeben: A. Göller (S. 102)
<sup>36</sup>) Das Glückerl. T: Bodansky-Thelen, M: R. Stolz, Karcsag-Verlag
<sup>37</sup>) T: E. Arnold & W. Spahn, M: E. Arnold, Boswo
<sup>38</sup>) T & M: H. Chmela, Eberle-Verlag
<sup>39</sup>) T: J. Philippi, M: P. Baschinsky, Verlag Kraemer M Nachf.

[40]) Wann heut wo ausg'steckt wird. T: H. Hauenstein, M: F. Wunsch, keine Verlagsangabe bei Hodina, S. 190

[41]) Unser Nachwuchs. T: W. Wiesberg, M: H. Schrammel, keine Verlagsangabe

[42]) Beleg verloren

[43]) Nach'm alten Weana Schlag. T & M: C. Lorens, Boswo, die Bezugstelle: Vor so einer Ausdrucksweis' hat man Respekt!

[44]) Mitgeschrieben bei einem Heurigen in Stammersdorf

[45]) Siehe Anm. 43

[46]) Sonderdruck der Österreichischen Akademie der Wissenschaften: Albert Etz. Zur Mundart im Wienerlied, Jahrbuch des österreichischen Volksliedwerkes

[47]) T: J. Petrak, M: E. Zenz, Eberle-Verlag

[48]) T & M: F. Wagner, Doblinger-Verlag

[49]) Die Stadt der Lieder. T & M: O. Hofmann, keine Verlagsangabe

[50]) T: L. Krenn, M: C. M. Ziehrer, Doblinger-Verlag

[51]) T & M: A. Krakauer, Dietrich-Verlag, Leipzig

[52]) T & M: H. Chmela, Eberle-Verlag

[53]) T & M: F. Rotter, Weinberger-Verlag

[54]) T: J. Kaderka, M: B. Hauer, Fortissimo-Verlag

[55]) T: Hochmuth & Werner, M: S. Schieder, Phöbus-Verlag

[56]) T: L. Jamöck, M: R. Kronegger, Boswo

[57]) Komm ins blaue Paradies (aus der Edmund-Eisler-Operette »Ein Tag im Paradies«)

[58]) Die Luft vom Wienerwald. T: O. Hofmann, M: H. Schenk, keine Verlagsangabe

[59]) Servus, kleine Wienerin. T: Hochmuth & Werner, M: L. Schmidseder, Figaro-Verlag

[60]) Donauwalzer. Textierung (eine von vielen) F. Gernert

[61]) Das große Tenorlied aus der Operette »Gräfin Mariza«. T: A. Grünwald, M: E. Kálmán

[62]) T: F. Wolferl, M: K. Föderl, Robitschek-Verlag

[63]) T & M: C. Lorens, Blaha-Verlag, Originaltitel: A Walzer vom Strauß

[64]) Hätt' ma's net, sö tät' ma's net. T: A. Steinberg-Frank, M: H. Strecker, Arion-Verlag

[65]) Angaben auf Weinkartenrückseite, irrtümlich im Papierkorb verkommen

[66]) Pfürt di Gott, du alte Zeit. T & M: C. Lorens, Boswo

[67]) T & M: C. Lorens, keine Verlagsangabe

[68]) T & M: F. P. Fiebrich, Weselka-Verlag

⁶⁹) T: A. Ronnert, M: H. Lang, Doblinger-Verlag
⁷⁰) T: J. Kaderka, M: R. Schipper, Eberle-Verlag
⁷¹) T: H. Hauenstein, M: F. Wunsch, Eberle-Verlag
⁷²) Beleg falsch numeriert
⁷³) T & M: J. P. Fiebrich, Weselka-Verlag
⁷⁴) T: J. Cermak, M: T. Schild, Kremser-Band 2: als Manuskript gedruckt
⁷⁵) T: Hochmuth & Werner, M: E. Zillner, Figaro-Verlag
⁷⁶) T: K. Schneider, M: O. Schima, Melodia-Verlag
⁷⁷) Wie bei Anm. 75
⁷⁸) T: H. Haller, M: Spielmann-Weiß, Doblinger-Verlag
⁷⁹) T: A. M. Werau, M: A. Kanitz, Blaha-Verlag
⁸⁰) T: E. Arnold & A. Kaps, M: E. Arnold, Boswo
⁸¹) Mündliche Mitteilung eines Heurigenmusikers, angeblich aus dem Repertoire von Edmund Guschlbauer, Musik vielleicht von R. Kronegger
⁸²) Wie Anm. 21
⁸³) T: W. Wiesberg, M: J. Sioly, keine Verlagsangabe
⁸⁴) Aus dem Gedächtnis
⁸⁵) Muß jeder Leser wissen (Hobellied aus dem »Verschwender«)
⁸⁶) Findet man unter dem Titel: »'s wird schöne Maderln geben«. T: J. Hornig, M: L. Gruber, Boswo
⁸⁷) T: E. Marischka, M: K. Föderl, Edition Helbling
⁸⁸) Angeblich von Maly Nagl mit großem Erfolg gesungen, Verfasser unbekannt, aber von drei verschiedenen Sängern auswendig gewußt
⁸⁹) T: K. Leibinger, M: H. Frankowski, Arion-Verlag
⁹⁰) Gleiche Verfasser, aber Figaro-Verlag
⁹¹) T & M: J. Hornig, keine Verlagsangabe
⁹²) Siehe S. 124, aber dann bitte wieder zurückblättern!
⁹³) T: E. Klein, M: P. Hajdu, Hochmuth-Verlag
⁹⁴) T & M: V. Korzhé, Melodia-Verlag
⁹⁵) T: Hochmuth & Werner, M: J. Syrowy, Eberle-Verlag
⁹⁶) Kein Verfasser angegeben, nur eine Jahreszahl: 1870
⁹⁷) T: E. Meder, M: H. Lang, Doblinger-Verlag
⁹⁸) Wie Anm. 56
⁹⁹) T: J. B. Moser, M: C. Hampe, Haslinger-Verlag, zitiert im ersten Kremser-Band
¹⁰⁰) T: K. Nachmann, M: R. Schicketanz, Melodia-Verlag
¹⁰¹) T & M: A. Krakauer, Doblinger-Verlag
¹⁰²) T: H. Hauenstein, M: F. Wunsch, Schneider-Verlag
¹⁰³) T: Hochmuth & Werner, M: K. Föderl, Figaro-Verlag

[104]) T: E. Meder, M: J. M. Kratky, Musikverlag am Schubertring
[105]) T & M: L. Bernauer, Doblinger-Verlag
[106]) T: K. Schneider, M: W. Jellinek, Musikverlag am Schubertring
[107]) T & M: Hojsa-Strobl-Berndt, Hochmuth-Verlag
[108]) Die Größen Wiens. Nur ein Name: F. Posch, sonst keine Angaben, Kremser-Band 2
[109]) T & M: B. Kaempfner, Kremser-Band 2, S. 175
[110]) T: R. Rillo, M: W. Engel-Berger, Arion-Verlag
[111]) T: H. Hauenstein, M: K. Föderl, Stucher-Verlag (Druckfehler für Strecker?)
[112]) T: H. Eidherr, M: Eidherr & H. Hauptmann
[113]) T & M: C. Lorens, keine Verlagsangabe
[114]) T: Hochmuth & Werner, M: E. Zillner, Figaro-Verlag
[115]) Wie Anm. 29
[116]) T: H. Rathauscher, M: W. Jellinek, Phoebus-Verlag. Originaltitel: Ja, mir san halt Lichtentaler
[117]) T: H. Schober, M: K. Zaruba, Doblinger-Verlag
[118]) T & M: R. Benatzky, Doblinger-Verlag
[119]) C. Lorens, keine Verlagsangabe, Kremser-Band 2
[120]) Aus dem zitierten Buch von S. Lohr, S. 165
[121]) T: J. Petrak, M: H. Lang, Musikverlag am Schubertring
[122]) T: E. Arnold & W. Spahn, M: E. Arnold, Boswo
[123]) Der Heurigensänger wußte keine Verfasser
[124]) T: Beda, M: W. Engel-Berger, keine Verlagsangabe
[125]) T & M: P. Wehle, Manuskript
[126]) T: Hochmuth & Werner, M: E. Zillner, Figaro-Verlag
[127]) T: J. Petrak, M: K. Föderl, Solisten-Verlag
[128]) T & M: E. Arnold, keine Verlagsangabe
[129]) T: H. Deckaer, M: F. Grothe-Melichar, Ufaton-Verlag, Berlin
[130]) T: A. Grünwald, M: R. Stolz, Wiener Boheme-Verlag
[131]) T: H. Werner, M: E. Zillner, Figaro-Verlag
[132]) T: P. Herz, M: H. Leopoldi, Doblinger-Verlag
[133]) T & M: C. Lorens
[134]) Dann fangt der alte Stephansturm zum Plaudern an. T: A. Steinberg-Frank, M: K. Föderl, Doblinger-Verlag
[135]) T & M: E. Arnold, Boswo
[136]) Alle drei – alte Volksweise. Bearbeiter: T: F. Wunsch & P. Müller, M: F. Wunsch, Melodia-Verlag
[137]) Erdberger Marsch. Keine Autoren vermerkt, Arion-Verlag
[138]) T & M: R. Benatzky, Drei-Masken-Verlag

150

[139]) T: R. Bodansky, M: R. Stolz, wahrscheinlich Boheme-Verlag
[140]) Aus der Erinnerung, keine Daten aufzutreiben
[141]) Originaltitel: Draußen in Schönbrunn. Doblinger-Verlag, 1914
[142]) Der Herrgott und das Kaiserfest. Weder Verfasser- noch Verlagsangaben, Kremser-Band 1, S. 50
[143]) T: H. Adler, Weinberger-Verlag
[144]) Aus dem zitierten Buch von Hauenstein, S. 56
[145]) T: K. M. Jäger, M: R. Kronegger, Boswo
[146]) Die erste Strophe des unter [144]) zitierten Liedes
[147]) und [148]) Mitschrift eines unkontrollierbaren Stammtischgesanges; Mithilfe der Leserschaft könnte Genaueres erbringen
[149]) Urwiener Ausdrücke. T: Molnar, M: T. Antoniassi, Kremser-Band 1, S. 180
[150]) Wiener Fiakerlied von Landesgerichtsrat Dr. Gustav Pick, Verlag Cranz, Wiesbaden
[151]) T: K. Savara, M: F. Wunsch, Fortissimo-Verlag
[152]) T & M: K. Herbert, Doblinger-Verlag
[153]) T: Hochmuth & Werner, M: O. Schima, Hofmeister-Verlag
[154]) T: Hochmuth & Werner, M: H. Toifl, L. Krenn-Verlag
[155]) T: Hochmuth & Werner, M: L. Riedinger, Figaro-Verlag
[156]) T: H. Werner, M: K. Föderl, Arolds-Verlag, Berlin
[157]) Das muß man ganz genau abschreiben: »*Wortlaut* von Wilhelm Wiesberg, Musik von Hans Schrammel, *Werk* zwei, herausgegeben im Verlag F. Dietrich zu Leipzig, es ist dies ein Spezialverlag für musikalisch-humoristische *Literatur*.«
[158]) T: F. J. Hub, M: F. Wunsch, Wiener Verlagsanstalt
[159]) T & M: F. Wolferl, Doblinger-Verlag
[160]) T: H. Haller, M: H. G. Hübsch, Dacapo-Verlag
[161]) F. Allmeder, M: R. Domanig-Roll, Boswo
[162]) T: J. Petrak, M: A. Profes, ein gebürtiger Böhm, Edition Helbling, Innsbruck
[163]) T & M: C. Lorens, keine näheren Angaben
[164]) T: J. Petrak, M: J. Fiedler, Eberle-Verlag
[165]) Keine Angaben, entnommen dem Kremser-Band 3, S. 185
[166]) Originaltitel: Ein kleiner Lausbua. T: K. Schneider, M: O. Schima, Melodia-Verlag
[167]) T: Steup-Kaderka, M: R. Luksch, Eberle-Verlag
[168]) Originaltitel: A Walzer vom Strauß. T & M: C. Lorens, Blaha-Verlag
[169]) Zitiert aus dem Buch von F. Endler: Das k. u. k. Wien, Ueberreuter-Verlag

151

[170]) Hamma scho g'habt, aber noch einmal: T: J. Hornig, M: vom Gruber Luitscherl, wie er liebevoll genannt wurde

[171]) Tschuidigung – aber hier drängt sich noch einmal der Spinner vor: T & M: P. Wehle, Hochmuth-Verlag

[172]) Hauenstein-Buch, S. 43

[173]) T: K. Sprowaker, M: L. Kubanek

[174]) T: Szálat & Geiger, M: Szálat & Ull, Melodia-Verlag

[175]) T: E. Geiger, M: E. Geiger, H. Randweg, Hochmuth-Verlag

# PETER WEHLE

### Sprechen Sie Wienerisch?
Von Adaxl bis Zwutschkerl.
Sprachwissenschaft mit Gspassettln.
288 Seiten.

### Sprechen Sie Ausländisch?
Von Amor bis Zores.
Kundig-amüsante Streifzüge durch die
Sprachwissenschaft.
312 Seiten.

### Der lachende Zweite
Wehle über Wehle.
Diese anekdotische Selbstbiographie ist auch
die höchst amüsante Geschichte des Wiener
Nachkriegskabaretts.
192 Seiten.

»Wer Wissen so unbeschwert vermitteln kann,
hat aber nicht nur die Lacher auf seiner Seite,
sondern zumindest auch einen kleinen
Ableger vom Stein der Weisen in der Tasche.«
(Wochenpresse, Wien)

## Ueberreuter

# Fritz Muliar

# Liebes-
# Briefe an
# Österreich

»Liebesbriefe an Österreich« hat der
große Schauspieler und österreichische
Patriot Fritz Muliar verfaßt, weil es ihn
drängte, einmal niederzuschreiben, was
ihn in dieser Zeit bewegt: vom ewig
Österreichischen, seinem geliebten
Theater und dessen Schauspielern bis zu
den Skandalen, Querelen und dem
Durcheinander der verworrenen
Nach-Kreisky-Ära.
144 Seiten.

## Ueberreuter

# Peter Orthofer

# Wer ist who in Österreich?

Für alle, die an ihrer eigenen Neugierde auf Prominente leiden; für alle, die mit schlechtem Gewissen die Tratschkolumnen verschlingen; für alle, die sich über die Prominenten lustig machen und doch einmal gern so wären wie sie; und vor allem für die, welche gerne lachen, hat Peter Orthofer sein Buch »Wer ist who in Österreich?« geschrieben.
168 Seiten.

Bei Ueberreuter bereits erschienen:
**Peter Orthofers**
**Universal-Parteibuch**
für jede Überzeugung!
168 Seiten.

# Ueberreuter